Stephan Lermer

Die neue Psychologie des Glücks

Stephan Lermer

Die neue Psychologie des Glücks

Leben mit Schwung und innerer Harmonie

mvg

Die Deutsche Bibliothek – CIP-Einheitsaufnahme

Lermer, Stephan:
Die neue Psychologie des Glücks : Leben mit Schwung und innerer Harmonie / Stephan Lermer. – 2. Aufl. – München : mvg-verl., 1995
(mvg-Paperbacks ; 502)
ISBN 3-478-08502-0
NE: GT

Das Papier dieses Taschenbuchs wird möglichst umweltschonend hergestellt und enthält keine optischen Aufheller.

2. Auflage 1995

Umschlaggestaltung: Gruber & König, Augsburg
Satz: mi-service, Landsberg am Lech
Druck- und Bindearbeiten: Presse-Druck Augsburg
Printed in Germany 080 502/795602
ISBN 3-478-08502-0

Inhalt

Der Start ins Glück

> Ich fing daher von neuem an: „Wir alle wollen glücklich sein!“ Kaum hatte ich dies vorgebracht, stimmten sie mir auch schon einmütig zu. „Was meint ihr“, fragte ich sie, „ist etwa der glücklich, der nicht hat, was er begehrt?“ Sie verneinten. – „Wie aber? Ist jeder glücklich, der hat, was er begehrt?“ – Darauf antwortete die Mutter: „Wenn er etwas Gutes begehrt und es hat, ist er glücklich, wenn er aber etwas Schlechtes begehrt, ist er unglücklich, obwohl er es hat.“ – Voll Befriedigung lächelte ich ihr zu: „Mutter, du hast geradezu die innerste Festung der Philosophie erobert.“
>
> (Augustinus)

Am liebsten würde ich Ihnen jetzt etwas Glück schenken. Nur direkt geht das ja nicht. Also werde ich Ihnen etwas Glück schenken, indem ich Ihnen Wege und Strategien nenne, alte philosophische und neue psychologische Regeln aufzeige, womit Sie selbst in der Lage sein werden, mehr Glück in Ihr Leben zu bringen:

Lieber Freund, liebe Freundin des Glücks, der oder die Sie nach der Lektüre dieses Buches sein werden, ich habe eine kleine Bitte an Sie: Lassen Sie es zu, wenn das Glück Ihr Freund werden will! Schaffen Sie ihm Platz – geben Sie Ihrem Glück eine Chance!

Und dafür bedarf es wahrscheinlich etwas *Mehr* und etwas *Weniger* – in Ihrem aktuellen Leben speziell in puncto *Haben*, *Tun* und *Sein*.

Mehr oder weniger deshalb, weil alles seinen Preis hat. Wenn Sie die Glücks-Strategien der folgenden Seiten einmal mit Ihrem heutigen Lebens-Erfolg vergleichen, wie sieht es aus mit Ihrer Lebensqualität?

Einstellungs-Werte:

Haltung zu Gunst,
Gnade oder Schlägen
des Schicksals,
als Herausforderung und Aufgabe
und um damit zu reifen

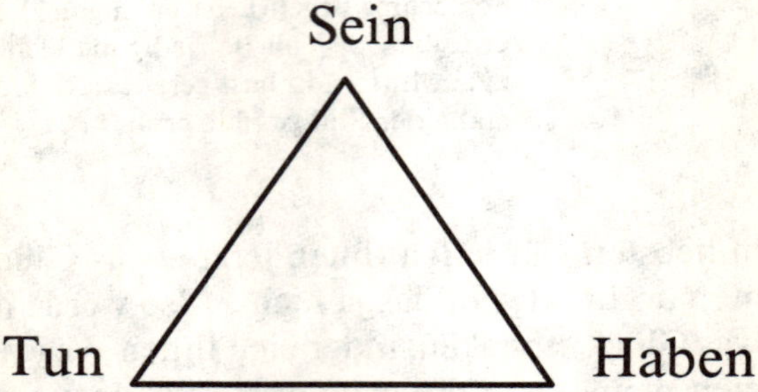

Schöpferische Werte:

Kreativität,
Aktivität,
Aufgehen im Tun,

Erlebnis-Werte:

Fähigkeit, zu lieben,
zu geben und
zu nehmen,
zu Begegnungen,
Beziehungen,
Besitzen,
einen Partner
„haben",
Freunde „haben"

Vielleicht sollten Sie weniger arbeiten (Tun), und mehr genießen (Sein)? Oder in Ihren Entscheidungen mehr auf den Punkt kommen (Sein), um weniger Schulden zu haben? Oder sich teurer verkaufen (Tun/Sein), um weniger arbeiten zu müssen und dennoch genug zu haben?

Meine Aufgabe besteht darin, Sie erst zu leiten, dann zu begleiten und dann zu lassen . . .

Die *Orientierung* für die jeweiligen kleinen oder großen Entscheidungen auf Ihrem eigenen neuen Weg zum Glück bekommen Sie

1. von mir,
2. dann von Ihren Gefühlen und Gedanken, die Ihnen beim Lesen kommen,
3. und schließlich direkt von Ihrer inneren Stimme.

Beim ersten Part, in dem ich Ihnen noch Anleitungen zur Orientierung gebe, will ich natürlich sicher sein, die richtige Richtung anzuvisieren. Deshalb hole ich mir wiederum Versicherungen aus dem Fundus des tradierten Wissens unseres Vorfahren, insbesondere aus den Gebieten der Philosophie und Psychologie. Wenn Sie also lesen, ich empfehle Ihnen von einigem in Ihrem Leben *mehr* von anderem *weniger*, so greife ich hier nicht nur in die Schatztruhen meiner psychotherapeutischen und persönlichen Erfahrungen. Ich tauche auch in den Weisheits-Pool der Menschheitsgeschichte ein.

Da bekomme ich schon von Epikur zugerufen: „Ich fasse es kurz: *Wähle* und *meide*, aber bitte mit *Bedacht*." Aha, jetzt wissen wir es. Aber wissen Sie auch, was das nun für Ihr jetziges Leben bedeutet?

Ich sage es Ihnen, denn ich will Sie an dieser Stelle auch gleich warnen. Es bedeutet: Sie werden sich verändern!

Sie werden am Schluß dieses Buches nicht mehr der Mensch sein, der Sie jetzt im Augenblick noch sind.

Natürlich können Sie jetzt sagen, Sie verändern sich ja sowieso in jedem Augenblick Ihres Lebens, allein weil die Zeit vergeht, die Sie älter und womöglich auch reifer macht. Aber kennen Sie nicht auch viele Menschen, die eine persönliche Entwicklung nicht zulassen? Die viel Energie darauf verwenden, bloß stets dieselbe Kleidung, Wohnung, Einrichtung, dieselben Eigenschaften und Gewohnheiten zu zementieren, um sich unverrückbar jede Veränderung zu vereiteln? Natürlich ist das nicht. Also kein Weg zum Glück. Wo also verläuft Ihr Weg zum Glück?

Ein erstes Fazit

Die Veränderung in die richtige Richtung ist der natürliche Weg zum persönlichen Glück. Damit Sie aber nicht die böse Erfahrung machen, irgendwo angekommen zu sein, wo Sie gar nicht hinwollten, obwohl es vorher sehr reizvoll erschien, rate ich Ihnen:

Achten Sie darauf, was Sie sich wünschen – es könnte in Erfüllung gehen! (So wie man als Kind schon das Wort „Schokoladenkuchen“ einen ganzen Tag lang nicht mehr hören mag, von dem einem nun so furchtbar übel ist, nur weil man von diesem köstlichen ... etwas zu viel ge ... hat.) Es kann sehr rasch passieren, daß Genuß zur Folter wird und dann zur Reue führt.

Die erwachsene Version von persönlicher Reifung und Entwicklung sieht in erster Linie vor, eigene Erfahrungen als Kostbarkeiten zu schätzen. Daraus die Fähigkeiten zu befreien, erst zu glauben, dann zu spüren und schließlich zu wissen, was gut und was schlecht für einen ist – via „wählen und meiden mit Bedacht“ machen Sie dann nichts anderes als jede *Pflanze*. Auch die Pflanze sucht sich den Weg für ihre Wurzeln und Zweige nicht dort, wo es nicht geht. Diese Richtungen meidet sie. Sie wächst automatisch dorthin, wo es geht und wo es am besten für sie ist.

So macht es jedes *Tier*: Schauen Sie einmal einen freilaufenden Mittelmeerhund an, wenn er am Strand herumschnüffelt, ob möglicherweise etwas für ihn Eßbares herumliegt. Er wählt, bei mehrerem Eßbaren das Beste, und er meidet, also vom Nicht-Eßbaren nimmt er nichts.

Warum erzähle ich Ihnen das?

Sie sind nun kein Baum und kein Hund, mögen Sie sagen. Aber Sie sind doch auch ein Teil dieser göttlichen Natur. Mit der Besonderheit, daß Sie statt vielen Instinkten ein phantastisches lernfähiges Groß-Hirn besitzen, das Ihnen abstraktes und konkretes Denken als Probehandeln ermöglicht. Und das Ihnen mit seinem schier unerschöpflichen Unterbewußtsein einen Reichtum an Wegweisern zum allfälligen Gebrauch kostenlos anbietet.

Als Teil der Natur können Sie natürlich auch stets bei den anderen Wesen der Natur „abschauen". Auch wenn Sie es als Krone der Schöpfung nicht so gerne wahrhaben wollen – die Tiere und Pflanzen haben uns Menschen einiges voraus, bestimmt vor allem eins:

Sie kümmern sich überhaupt nicht ums Negative, sie ignorieren es! Keine Pflanze bekämpft einen Stein, der ihr im Weg liegt. Nein, sie wächst an ihm vorbei. Kein Tier hadert mit der Welt, wenn es nichts zu fressen findet, nein, es sucht weiter.

Als Jugendlicher dachte ich noch, das Wort „kreatürlich" wäre eine Zusammensetzung aus kreativ und natürlich. Jedes Wesen braucht für seine Lebensgestaltung den natürlichen und kreativen Weg, der ihm als Kreatur optimal gerecht wird. Eben den eigenen Weg zum Glück.

Wenn ich Ihnen das Wort *Dschungel* vor Augen führe, was assoziieren Sie dann? Nehmen Sie sich bitte ein paar Sekunden Zeit, sich den *Dschungel* vorzustellen. Oder einen anderen natürlichen Lebensraum, wie etwa den Wald, eine Wiese, eine Landschaft . . .

Alles Natur-Räume, in denen sich Pflanzen und Tiere miteinander arrangieren. Manchmal liebevoll, manchmal grausam (nach menschlichen Bewertungsmaßstäben). Jedoch sie verstehen sich, nein, verstehen können sie sich wahrscheinlich nicht, aber sie leben miteinander. Sie teilen sich einen gemeinsamen Lebensraum, nach ziemlich klaren Spielregeln. Wer sie einhält, wird alt. Der Mensch scheint derzeit das einzige Lebewesen zu sein, das einfach stört. Im Dschungel, im Wald, auf der Wiese, in der Landschaft. Alle „vertragen" sich irgendwie miteinander (ganz ohne schriftlichen Vertrag), der Mensch aber versucht mit rechtem Winkel und geraden Linien – beide kommen in der Natur fast nie vor – ihr seine Ordnung aufzuzwingen. Wie die Umwelt-Daten zeigen, wehrt sich die Natur, gottseidank. Einige sehen darin allerdings die ersten Zeichen eines Weltuntergangs. Andere interpretieren die Umwelt-Reaktionen so, daß die Erde sich anzuschicken beginnt, den Menschen abzuschütteln.

Ich bin mit Teilhard de Chardin und vielen anderen visionären Realisten unerschütterlich optimistisch – sofern wir dranbleiben an der Umkehr von der Kultur zur Natur. Erst einmal.

Die drei Entwicklungs-Stufen zum Glück

ganz früher	*vor kurzem noch*	*ab heute und in Zukunft*
Natur	Kultur	Natur-Kultur
Opfer der Natur	Täter gegen die Natur	Kooperativer Teil der Natur
Instinkte	Moral	Ethik
Glauben	Wissen	Weisheit
Lust	Pflicht	Verantwortung
Raupe	Cocon	Schmetterling (griech. „Psyche“)
Triebbestimmung	Fremdbestimmung	Selbstbestimmung
naiv	involviert	souverän
Urwelt	Zivilisation	Ökologie

Erst einmal müssen wir die alte Kultur als Sackgasse erkennen und zurücknehmen. Mit der alten Kultur meine ich die Haltung, sich die Erde untertan machen zu wollen nach dem Motto: die Kuh in die Box und das Huhn in die Legebatterie.

Heute schicken wir keine Missionare mehr zu den „Tier-Menschen“, damit sie via Verbildung ihre „unanständigen“, eben nicht dem „hohen“ Stand der westlichen Kulturneurose entsprechenden Lebensformen verlernen mögen.

Wir machen etwas viel besseres:

Wir schicken Abgesandte in Form von Feldforschern von den wissenschaftlichen Instituten der Verhaltensforschung in die Wildnis, in die wenigen naturbelassenen Regionen, um Reste von möglichst unverfälschter Lebenskultur zu ergattern. Damit der orientierungslose Bürger der 1. Welt erfährt, was eigentlich gesund, normal, natürlich ist, wo der ursprüngliche, „naturbelassene“ Pfad zum Glück verläuft.

Wie war es eigentlich früher? Zum Beispiel in der Antike?

„Schon die alten Griechen . . .“

„Vom ganzen Leben ist zunächst einmal die Hälfte gleichgültig, in der ich schlafe. Dann ist die erste Zeit der Kindheit – voll Beschwerden! Das Kind hat Hunger – doch die Amme schläfert es gewaltsam ein. Es dürstet – sie badet es; es will schlafen – sie macht mit der Klapper Lärm.

Ist er der Amme glücklich entronnen, nimmt den Jungen wieder der Erzieher, der Turnmeister, der Elementarlehrer, der Musik- und Mallehrer in Empfang. Vorwärts schreitet die Jugendzeit. Hinzu kommen Mathematik-, Geometrie-, Reit-Lehrer. Des Morgens früh wird der Knabe geweckt. Ausruhen gibt es da nicht.

Er wird mannbar: neue Furcht vor dem Aufseher, dem Turn- und Fechtmeister, dem Gymnasium-Vorsteher. Alle prügeln, belauern, plagen ihn.

Aus dem Jünglingsalter ist er dann heraus und dann zwanzig Jahre alt.Und immer noch muß er bange sein und ängstlich auf den Aufseher und Leiter blicken. Wo er schlafen muß, liegen auch sie daneben; wo er wachen soll, bewachen sie ihn; wo er zu Schiff geht, steigen sie mit ein.

Ein Mann ist er nun in voller Blüte: Soldat wird er und wird alt im Dienste der Stadt; ist Bürger, führt das Heer an, hat Staats-Leistungen zu geben, ist Richter.

Glücklich war er nur die Zeit über, die er als Kind verlebte. Seine Manneskraft geht dahin; er kommt ins Alter; wieder muß er sich kindische Pflege gefallen lassen.“ Und wofür der ganze Aufwand?

Nicht gestern morgen, nicht morgen, sondern jetzt

Optimistisch kann man es nicht gerade nennen, wie ein Philosoph die Rückblende auf sein Erdendasein schildert.

Sie stammt von dem Stoiker Teles, der etwa dreihundert Jahre vor Christus lebte. Er kam für sich zu folgendem Schluß:

„Nicht sehe ich also, wie man ein glücklich Leben leben kann, wenn man es nach dem Maß von Freude und Lust mißt."

Für die strengen Denker der Stoa lag der Weg zum Glück in der Leidenschaftslosigkeit und in der Überlegenheit des Menschen über sein Schicksal.

Das Glück war für die Philosophen zu allen Zeiten ein zentrales Thema; ein „brauchbares" Rezept haben sie dennoch nie gefunden.

Von Epoche zu Epoche verschieden war lediglich die Einstellung, ob man sich das Glück im Jenseits erhoffen oder bereits auf Erden schaffen könne, ob man etwas dafür tun oder im Gegenteil sich durch Askese von der drängenden Gier nach Glück befreien solle.

So huldigten zum Beispiel Sokrates, Plato und Aristoteles der Tugend als Quelle eines dafür sogar dauerhaften Glücks. Man brauche sich also nur an den vier Kardinaltugenden zu orientieren, das heißt, weise und besonnen, tapfer und gerecht zu denken und zu handeln.

Plotin, Spinoza und Schopenhauer sahen das höchste Glück in den Freuden des Geistes und im Verweilen in theoretischer Betrachtung.

„Die Glückseligkeit ist nicht der Lohn der Tugend, sondern Tugend selbst. Wir erfreuen uns ihrer nicht deshalb, weil wir die Lüste hemmen, sondern umgekehrt, weil wir uns jener erfreuen, deshalb können wir unsere Lüste hemmen", verhieß Spinoza.

Wenn das Ersehnte wahr wird...

Natürlich ist es leicht, sich zu bescheiden, wenn man es sich leisten kann. Es ist schon schwerer, auf etwas zu verzichten, das man lange erhofft und ersehnt und nun endlich bekommen hat.

Aber wann ist jemand tatsächlich glücklich?

- Ein Hungriger, wenn ihm das Essen schmeckt,
- der Denker, wenn ihm eine Erkenntnis aufblitzt,
- zwei Liebende, wenn sie zusammen sind,
- ein anderer, wenn sein sorgsam geplantes Werk gelingt . . .,
- und wenn man in verdienter Muße verweilt.

Wie schafft man das? Indem man sich einfach ganz dem Beschaulichen hingibt und ohne Angst den Augenblick genießt!

In der Bibel ist das Wort Glück nur selten anzutreffen. Man könnte beinahe glauben, daß das irdische Glück eher ein heidnisches Verlangen ist.

Ist das Streben nach Glück vielleicht gar eine Sünde? Im Neuen Testament ist vom Glück kein einziges Mal die Rede – und im Alten Testament?

An einer der wenigen Stellen im Alten Testament berichtet Moses über Joseph, „der Herr sei mit ihm gewesen“, daß er ein Mann wurde, dem alles, was er unternahm, glückte.

Potiphar erkannte daran, daß „der Herr mit ihm gewesen war“. Wem eine Sache glückt, der wird als „Gesegneter“ bezeichnet. Ein beinahe Heiliger, wer im irdischen Dasein bereits ein Stück paradiesischen Glücksgefühls erleben darf. Denn: „nemo ante mortem beatus“ – „Niemand ist vor dem Tode glücklich“ – , heißt es schon bei dem griechischen Weisen Solon.

Das Christentum setzte die Tradition fort und vertröstete auf das Paradies als Belohnung für ein Leben, in dem man sich an den glückspendenden irdischen Gelüsten nicht versündigt hat. Die Kasteiung als Preis für ein Glück im Jenseits . . .

„Du bist deines Glückes Schmied . . .“

Vor hundert Jahren – man hatte die Aufklärung längst hinter sich –, als Auto, Eisenbahn und Flugzeug ein neues Zeitalter eröffneten, als die Fabriken mit ihren Industriemaschinen alle gewohnten menschlichen Leistungsgrenzen sprengten, da ging es mit der Geduld des Wartens zu Ende. So, wie der Mensch sich heute seine Gottähnlichkeit dadurch beweisen will, daß er auf den Mond fliegt, über Atomspaltung Materie in Energie verwandelt und durch Genmanipulation neue Lebewesen erzeugt, galt die technische Revolution des 19. Jahrhunderts als Auftakt zu einem glücklichen Leben vor dem Tod. Man fing an, sich das Glück auf dieser Erde selbst bescheren zu wollen. In dieser Zeit fragte man sich, warum ein paradiesisches Leben mit der Verwirklichung humanitärer Grundprinzipien wie Wahrheit, Liebe und Gerechtigkeit nicht bereits diesseits zu erlangen sei. Warum sollte man weiterhin nur vom Paradies träumen, das Leben mit demütigem Warten vergeuden, wo doch plötzlich so vieles machbar schien?

Glücklich ist, wer alles hat, was er will.
(Augustinus)

Der Besitz des Guten ist die Ursache der Freude.
(Thomas von Aquin)

Glücklich nennen wir den Menschen . . ., der kein Gut kennt, das größer wäre, als er selbst es sich zu geben vermag.
(Seneca)

Was eigentlich will der, welcher liebt, was ihm gut ist? – Das es ihm zuteil werde. – Und was widerfährt dem, welchem es zuteil wird? – Er wird glücklich.
(Plato)

Trachtet zuerst nach dem Reiche Gottes; dann wird euch alles andere von selbst zufallen.
(Matthäus)

Macht Geld glücklich?

Ach, reines Glück genießt doch nie, wer zahlen soll und weiß nicht wie.

(Wilhelm Busch)

Die amerikanische Zeitschrift „Psychology Today“ befragte 20 000 Leser aus Kanada, England, Japan, Australien und Saudi-Arabien zu dem Thema, ob Geld mehr als beruhige, ob es tatsächlich glücklich mache.

Jeder zweite Befragte hatte sich während des vergangenen Jahres schon einmal glücklich gefühlt, als er an sein Geld dachte. Die persönliche Bedeutung des Geldes kam auf Platz 3, gleich nach der Liebesbeziehung und der Arbeit. Allerdings, so scheint es, macht das Nicht-vorhanden-Sein von erhofftem Geld unglücklicher, als das Geld dann glücklich macht. Denn gerade heute, wo sehr viele Menschen von Inflation, Rezession oder Arbeitslosigkeit betroffen sind, müssen viele ihre materiellen Wünsche aufgeben oder zurückstellen. So meinte auch jeder zweite, wir lebten heute in einem Zeitalter des Mangels. Ein Viertel der Befragten gab an, bis über beide Ohren verschuldet zu sein.

Ob der Mensch allerdings fähig wäre, sein Glück mit Geld zu machen, bleibt auch dann ein Rätsel, wenn man betrachtet, wie Menschen plötzlich vorhandenes Geld ausgeben würden. Die Frage hieß: Was würden Sie tun, wenn Sie plötzlich 200 000 DM jährlich auf die Hand bekämen? Die meisten Menschen würden das Geld sofort investieren, jeder zweite seine Schulden bezahlen, mehr sparen, ein Haus bauen oder sich Sachen kaufen, die er schon lange haben wollte. Jeder vierte aber meinte:

Er wolle das Geld dafür verwenden, „gut“ zu leben . . .

War der berühmte „Hans im Glück“ tatsächlich glücklich, war er ein Lebenskünstler, der zeigt, wo es lang geht? Was ist seine Botschaft?

Weniger wäre mehr, sagt Hansis Mär

Es fing so an: Besonders intelligent war er nicht, der liebe Hans, aber treu. Sieben Jahre lang war er seinem Herrn als Diener zur Hand gegangen und hatte sich dabei einen Batzen verdient. Exakt einen ganzen Batzen reines Gold bekam er als Lohn für sieben Jahre in die Hand gedrückt.

Statt den neuen Schatz als gewichtiges Vermögen zu schätzen, litt er gar unter dem Gewicht seines Besitzes. Umgekehrt, dachte er sich, wäre es besser, daß er verdient habe, endlich getragen zu werden, als immer noch selbst zu tragen. So kam ihm das Angebot gerade recht, seine Last für ein Pferd eintauschen zu können. Doch was macht man, wenn man durstig ist und nur ein Pferd besitzt? Da ist eine richtige Kuh, die man melken kann, schon ergiebiger. Flugs war das Pferd für eine Kuh eingetauscht. Und so ging es weiter. Auf die auf die Dauer lästige Kuh folgte ein Schwein. Am Ende hatte er sich befreit von sämtlichem Besitz. Nun war er froh, und dankte dem Herrn auf Knien, daß er „auf eine so gute Art und ohne daß er sich einen Vorwurf zu machen brauchte“ (Gebrüder Grimm) von aller Last befreit war . . .

Wie man weiß, ist jeder Besitz mit der Angst um seinen Verlust verbunden. Angst aber läßt keinen Raum für Glück. Sollte die Mär von Hans im Glück verkünden, daß nur besitzloses Leben glücklich macht? Sein Lebensstil bestand darin, daß er es sich jeweils leisten konnte, sich seine Wünsche zu erfüllen. Auch wenn er, beurteilt nach objektiven Schätzwerten, laufend Rückschritte machte.

Subjektiv aber machte es ihn glücklich, weil er bekam, was er sich wünschte.

Was wünschen sich die Menschen heutzutage? „Familie, Kinder, die Welt sehen und einfach glücklich sein." Dieses Ergebnis ermittelten die Psychologen vom Institut für Demoskopie in Allensbach durch eine Befragung von 2 000 Bundesbürgern, einer repräsentativen Stichprobe. 60 Prozent sehen ihr höchstes Glück darin, ihre Familie gut versorgt zu wissen. Platz zwei auf dem Wunschzettel nimmt das Reisen in ferne Länder ein. Bei den Befragten unter dreißig überrascht, daß nur jeder zweite diese Sehnsucht nach der Ferne so hoch wertet. Die andere Hälfte kümmert sich erst einmal um beruflichen Aufstieg, um die Karriere. Am interessantesten aber ist sicherlich die Antwort der Jugendlichen auf die Frage nach dem Wichtigsten in ihrem Leben: „Daß man mich mag", gab fast jeder zweite an erster Stelle an.

Und was macht Sie glücklich? Oder noch besser:

Was ist eigentlich Glück?

Ist es zufällig oder machbar? Ist man glücklich, wenn man Glück hatte?

In verschiedenen Lexika wird Glück folgendermaßen definiert:

1. Meist wird Glück als günstige Fügung des Schicksals gesehen und als mystische Gestalt, als Fortuna versinnbildlicht und vergöttlicht.

2. Der Seelenzustand, der sich aus der Erfüllung der Wünsche ergibt, die dem Menschen für sich selbst am wesentlichsten erscheinen; sie können alle Stufen vom Sinnlichen bis zum rein Geistigen durchlaufen. In vielen politischen und philosophischen Themen gilt das Glücksstreben als „sittlich berechtigter Antrieb des menschlichen Handelns."[1]

Letztlich ist Glück das „Eins-Sein mit seinen Hoffnungen, Wünschen, Erwartungen".[2]

Glück haben, oder sein Glück machen, oder einfach glücklich sein?

Die deutsche Sprache läßt mit dem Wort Glück alles offen, und zwar offen für sämtliche Phantasien, aber auch für Mißverständnisse. Typisch deutsch?

---

[1] aus: Brockhaus Lexikon, Mannheim

[2] aus: Meyers Enzyklopädisches Lexikon, Mannheim

Die Franzosen und die Amerikaner haben da, ganz pragmatisch, eine sprachliche Unterscheidung vollzogen: *luck* oder *bonne chance* heißt das Glück, aus dem die Träume sind; *la Fortune* ist das Glück, das vom Himmel kommt.

Das Glück aber, um das es uns hier geht, das Glück, das machbar ist und jedem offensteht, das ist *happiness*, die Franzosen gaben ihm den edlen Namen *bonheur*.

Größtes Glück für die größtmögliche Anzahl von Menschen, ohne daß es auf Kosten anderer geht – das war einst die hehre Formel, die der Moralphilosoph Francis Hutcheson im Jahre 1726 den Politikern als Maßstab empfahl.

Die amerikanische Unabhängigkeitserklärung von 1776 hat diese Glücksauffassung schriftlich verankert, „... daß alle Menschen gleich geschaffen sind, daß sie von ihrem Schöpfer ausgestattet sind mit gewissen unveräußerlichen Rechten, daß ihnen Leben, Freiheit und das Streben nach Glück gehören". Heute hat jeder Amerikaner laut Grundgesetz ein in der Verfassung verankertes Recht auf Glück: *Pursuit of Happiness*.

„Über diesen Punkt werden sich alle spekulativen Politiker einig sein. Daß das Glück der Gesellschaft das Ziel der Regierung ist, wie Theologen und Moralphilosophen darin übereinstimmen werden, daß das Glück des Individuums das Ziel des Menschen ist. Aus diesem Grundsatz folgt, daß diejenige Regierung, die Ruhe, Behaglichkeit, Sicherheit oder in einem Wort: Glück einer möglichst großen Anzahl von Personen gewährt, und zwar in dem weitesten Ausmaß, die beste ist", verkündete John Adams, der zweite Präsident der Vereinigten Staaten.

Nun, die politischen Parteien orientieren sich bis

heute an diesem Ziel. Die CDU/CSU verkündete 1976 den Wahlkampfslogan „Wir wollen das Glück der Menschen“. 1971 hatte die SPD in ihren Freiburger Thesen das Postulat „Freiheit und Glück“ als Parteiziel verankert. Doch was ist das nun wirklich, das Glück?

Es ist schon deshalb schwer zu definieren, weil der Glückliche eigentlich gar keinen Grund hat, über sein Glück lange nachzudenken. Er ist eben ein Glückspilz, das Glücksrad als Waffe, ein Liebling der Götter, ein Felix Krull – eben ein Glücksritter oder ein vom Glück gerittener, ein Auserwählter der Göttin Fortuna.

„Glücklich ist, wer alles hat, was er will“ (Augustinus). Casanova, einer der größten Glücklichen der Geschichte, glaubte es zu wissen: Vollkommene Gesundheit, keine Pflichten, keine Sorgen, keine Abhängigkeit, reichlich Geld, Glück im Spiel und Erfolg bei den Frauen. Da er das alles habe, sei er „im tiefsten Grunde glücklich“, wie er sagte. Glücklich, wer sich Genuß zu verschaffen weiß, ohne irgendwem zu schaden, war seine Devise. Er meinte damit die Erfüllung der Wünsche, Hoffnungen und Erwartungen ohne Schuldgefühle, ohne schlechtes Gewissen. Liegt darin das Geheimnis?

Was ist nun Glück?

Glück ist „in“. In den USA entwickelte sich vor kurzem sogar eine „Happyologie“. Wobei die Begriffe „Glück“, „Glückseligkeit“, „glücklich sein“ und „Glück haben“ oft durcheinandergewürfelt werden. Andererseits meinen viele, die von Lebensqualität sprechen, von einem guten Leben, von Wohlbefinden oder Zufriedenheit, nichts anderes, als eben glücklich zu sein. Wohl kaum ein Begriff ist so umstritten:

Meinte noch Rousseau „Jeder Mensch will glücklich sein; doch um dies zu erreichen, müßte man zuerst wissen, was Glück ist." Da hatte doch Aristoteles es längst schon definiert: „Gutes Leben und gutes Handeln". So einfach sei es nun doch nicht, kritisiert uns Sigmund Freud. Nach seinen Glücks-Studien kam er zu einem vernichtenden Fazit, was die Menschen wirklich wollten:

„. . . sie streben nach dem Glück, sie wollen glücklich werden und so bleiben. Dies Streben hat zwei Seiten, ein positives und ein negatives Ziel, es will einerseits die Abwesenheit von Schmerz und Unlust, andererseits *das Erleben starker Lustgefühle.* Im engeren Wortsinn wird Glück nur auf das letztere bezogen . . . Es ist . . . einfach das Programm des Lustprinzips, das den Lebenszweck setzt . . . Es ist überhaupt nicht durchführbar . . .; man möchte sagen, die Absicht, daß der Mensch glücklich sei, ist im Plan der Schöpfung nicht enthalten. Was man im strengsten Sinne Glück heißt, entspringt der eher plötzlichen Befriedigung hoch aufgestauter Bedürfnisse und ist seiner Natur nach nur als episodisches Phänomen möglich. Jede Fortdauer einer vom Lustprinzip ersehnten Situation ergibt nur ein Gefühl von lauem Behagen; wir sind so eingerichtet, daß wir nur den Kontrast intensiv genießen können, den Zustand nur sehr wenig. Somit sind unsere Glücksmöglichkeiten schon durch unsere Konstitution beschränkt."[1]

Die berühmte Schülerin von Viktor Frankl, Elisabeth Lukas, hat jetzt am Ende des 20. Jahrhunderts in Wien

---

[1] aus: Sigmund Freud, Gesammelte Werke, Band XIV. Copyright 1948 by Imago Publishing Co., Ltd, London. Abdruck mit Genehmigung der S. Fischer Verlags GmbH, Frankfurt a. M.

1 000 Menschen befragt, was sinngebend in ihrem Leben sei. Die Antworten lassen sich in folgenden sechs Bereichen zusammenfassen.

Glück ist:

1. Für ein angenehmes Leben sorgen,
2. für die Familie dasein,
3. im Beruf Erfolg haben,
4. sich für eine soziale Aufgabe oder eine religiöse Überzeugung einsetzen,
5. seine Gesundheit wiedererlangen,
6. sich selbst verwirklichen.

Und was ist für Sie Glück?

Im Laufe des Lebens . . .

Glück ist abhängig vom Alter. Ein Kind freut sich riesig über ein Spielauto; ein Porscheschlüssel bedeutet ihm noch nichts. Für den erwachsenen Menschen ist es wohl umgekehrt. Auch im Lauf des Erwachsenenlebens wandelt sich die Quelle des Glücks. Je nachdem, welche Werte jeweils wichtig sind. Denn es geht immer wieder nur um die Bedürfnisse und die Werte. Ein junger Mensch denkt wenig an die Gesundheit, an guten Schlaf oder verdauliches Essen. Ihm sind persönliche Anerkennung, Freude am Leben, gutes Aussehen und befriedigende Sexualität, Abenteuer und Ablenkung wichtig. Im Alter aber wird sich diese Werthierarchie eher umkehren. Was zunächst an erster Stelle stand, wird schließlich an letzter stehen. Konfuzius sagte dazu:

„Der Meister sagte:

Mit 15 hing ich mein ganzes Herz an das Lernen.
Mit 30 stellte ich meine Füße fest auf den Boden.
Mit 40 litt ich nicht mehr an Verwirrungen.
Mit 50 wußte ich, was das Geheiß des Himmels war.
Mit 60 vernahm ich des Himmels Geheiß mit gefügigem Ohr.
Mit 70 konnte ich den Vorschriften meines eigenen Herzens folgen, denn das, was ich begehrte, überschritt die Grenzen des Rechten nicht mehr."

Und jetzt die Forschungs-Ergebnisse der modernen Psychologie:

Jede Lebensstufe hat ihren Schlüssel zum Glück

Der amerikanische Psychologe Levinson ging diesem Wandel einmal nach und fand sehr typische Unterschiede. Je nach Lebensalter verfolgt der Mensch von heute verschiedene Ziele. Das Gefühl des Glücks hängt zum großen Teil davon ab, ob er das jeweilige Ziel erreichen konnte oder nicht. Die Befragung amerikanischer Männer aus den verschiedensten Berufsgruppen ergab drei Phasen des Männerlebens:

Zuerst die „Lehrzeit“: Der Versuch, Selbstverwirklichung und Karriere zu verbinden; und das meist mit Hilfe eines Mentors. Die erste Krise taucht auf im Übergang zur Phase des „Seßhaft-Werdens“. Hat der Mann bis dahin seine kühnsten Träume übertroffen oder nur geträumt? Er spürt, etwa mit 32, was wirklich wichtig ist.

Die Ambivalenz dieser Phase ist das Streben nach Unabhängigkeit und nach Bestätigung durch die Gesellschaft.

Thema des nachfolgenden „Übergangs zur Lebensmitte“ ist die generelle Desillusionierung der eigenen Omnipotenz-Wünsche. Die persönliche Umwertung gipfelt in der Frage: „Was will ich denn wirklich für mich selbst und für andere?“ Der Mann wird reif, selbst Mentor für Jüngere zu sein.

Maßgeblich für diese Zeit der eigentlichen Individuation (im Sinne C. G. Jungs), ab etwa 40, sind vier Polaritäten und deren Integration:

Es ist die Ambivalenz jung/alt, die den Mann in dieser Zeit ohne festes Alter sein läßt. Er fragt nach Tod und Wiedergeburt, nach Endlichkeit und Ewigkeit.

Während der zweiten Polarität, destruktiv/konstruktiv blickt der Mann zurück auf sein verlorenes Paradies oder auf das Schlachtfeld seines Lebenskampfes. Er orientiert sich jetzt stärker am Nutzen des Gemeinwohls und der nachfolgenden Generation.

Levinson gebraucht als Analogie zur dritten Polarität maskulin/feminin die Begriffe denken/fühlen. Er beschreibt den Mann als den, der „macht, tut oder hat", die Frau als die, die „ermöglicht". (Übrigens: Das von Levinson auf den Titel „Das Leben des Mannes" folgende Buch „Das Leben der Frau" ist noch in Arbeit.)

Die letzte Polarität ist die der Verbundenheit/Abgrenzung. Ihre Integration ist eine Ausgewogenheit zwischen den Bedürfnissen des eigenen Selbst und denen der Gesellschaft.

Offenbar ist die *Ambivalenz* das Kennzeichen des Menschen. Nicht erst heute:

„Die goldene Mitte" oder „Das Ideal aus Halb und Halb" des Dichters Li Mi-an aus dem 16. Jahrhundert

„Schon ist es mehr als halb verflossen mein Leben – wieder klingt dies Zauberwort, dies ‚Halb' so reich an tieferer Bedeutung! Es heißt uns kosten mehr als jemals wir besitzen können. Halber Lebensweg ist beste Zeit, ist Zeit der Rast und Muße; auf halbem Weg liegt weite, weite Welt. So lebe halbwegs zwischen Stadt und Land, hab deinen Hof halb zwischen Fluß und Berg; sei halb Gelehrter, halb ein Landmann, halb ein Kaufmann; lebe halb wie Edelvolk und halb so wie die Sippe der

Gemeinen. Und führ dein Haus halb reich bestellt, halb schlicht, halb voll von schweren Stücken und halb kahl; Gewänder hab im Spind, halb alt, halb neu, und iß halb prasserisch, halb wie ein Knecht. Nimm Diener, nicht zu klug und nicht zu blöde, ein Weib, nicht zu beschränkt, doch nicht zu keck – und sprich: Ich fühl mich halb als Buddha, und halb beinah als sel'ger Tao-Geist! Ein Halb von mir geb ich dem Himmel wieder, das andre Halb geht an die Kinder – so denk ich halb, wie die, die nach mir sind, es treiben wollen, halb sinn ich, wie ich stehn soll vor dem Himmel, wenn einst der Körper ruht. Den halb Betrunkenen nenn ich klug betrunken, Blumen in halber Blüte sind die schönsten, das Boot mit halben Segeln läuft am stillsten, ein Pferd mit halbem Zügel trabt wie keins. Wer halb zuviel hat, dem wächst Kummer auf, doch halb zuwenig gibt Besitzerglück. Und da das Leben süß und bitter ist, wer's halb nur nimmt, ist klug und weisheitsvoll!"[1]

[1] aus: Lin Yutang, Weisheit des lächelnden Lebens, Stuttgart, Deutsche Verlags-Anstalt 1978

Die spontane Antwort von Professor Viktor E. Frankl

Li Mi-ans Weisheit erscheint auf den ersten Blick paradox. Daß aber der Mensch bei Gefühlen wie Freude, Glück und Lust tatsächlich häufig paradox reagiert, hat der Begründer der Logotherapie, der Wiener Professor Viktor Frankl, aus jahrzehntelanger psychotherapeutischer Arbeit extrahiert. Seine daraus entstandene Philosophie über den Sinn des Lebens, die trotz oder gerade wegen seines dreijährigen KZ-Aufenthaltes eindeutig lebensbejahend und betont positiv ausfiel, fand eine weltweite Anhängerschaft.

Ich fragte ihn nach dem Weg zum Glück:
„Es ist eine Grunderfahrung der Psychotherapie, und da nicht zuletzt wieder in der Psychotherapie sexualneurotischer Störungen, die uns immer wieder entgegentritt, daß der Mensch, je mehr er sich das Glücklichsein zum Ziel macht, um so weniger fähig wird, dieses Ziel zu erreichen.

Ich pflege das meinen Studenten in einer Kurzformel anzubieten, indem ich sage, 'je mehr es einem um die Lust geht, um so mehr vergeht sie einem'.

Sie können das jetzt transponieren, indem Sie sagen, je mehr einer nach dem Glück jagt, um so mehr verjagt er es. Und das kommt daher, weil Glück oder Lust kein Ziel irgendwelcher Bestrebungen sein können. In dem Moment, wo sie zum Ziel gemacht werden, scheitert man, aus dem einfachen Grund, weil Lust und Glück eine Wirkung sind und eine Wirkung bleiben müssen. Das heißt, eine unbeabsichtigte Wirkung. Je mehr wir etwas beabsichtigen, um so mehr gehen wir fehl, gehen wir daran vorbei. Es ist so, daß der Mensch, gar nicht, wie die Motivationstheorien uns einreden wollen, nach Lust strebt, sondern er strebt danach, wenn man das so sagen will, einen Grund dazu zu haben, zur Lust, zum Glücklichsein. Macht er es selbst zum Ziel, dann geht er daran vorbei. Will er aber das, was ich Selbst-Transzendenz nenne, ausleben – das hat mit Transzendenz im theologischen Sinne überhaupt nichts zu tun –, will er, praktisch gesprochen, sich hingeben, an eine Aufgabe oder liebend sich hingeben einem anderen Menschen, zum Beispiel seinem Partner, dann wird er glücklich, ohne sich darum zu kümmern, gerade deshalb, weil er sich nicht darum sorgt.

Sinn und Ziel: die Selbsttranszendenz

Dagegen verliert er dann, wenn er sich darauf konzentriert: ‚Ich möchte glücklich werden', den Boden unter den Füßen, dann verliert er buchstäblich den Grund, um glücklich zu werden. Er wird dann glücklich, wenn er die Selbsttranszendenz auslebt, das heißt, wenn er aufgeht in einer Aufgabe, wenn er aufgeht in der Hingabe an den Partner.

Das ist genauso wie mit dem Auge: die Fähigkeit des Auges, seine biologische Funktion auszuüben, das heißt, die umgebende Welt wahrzunehmen, visuell wahrzunehmen. Interessanterweise ist diese Fähigkeit absolut abhängig davon, daß das Auge nicht sich selbst wahrnimmt. Ein Beispiel: Wenn ich an Grauem Star erkrankt bin, dann sehe ich irgendwelche Wolken. Das ist die Linsentrübung, die ich dann sehe. Wenn ich an Grünem Star erkrankt bin, dann sehe ich Regenbogenhöfe und Lichtquellen rundum. Das ist der erhöhte Druck auf der vorderen Augenkammer. Das gesunde Auge nimmt die Welt wahr, aber nicht sich selbst. Und in dem Maße, wie es sich selbst wahrnimmt, ist es schon erkrankt und seine Funktion gestört.

Genauso ist es mit dem Menschen. In dem Maße, in dem er sich vergißt, in dem er sich – wie das Auge – übersieht, hingibt an den Partner, in dem Maße ist der Mann potent, ist die Frau orgasmusfähig.

In dem Maße wiederum, in dem sie sich beobachten und einander beobachten, in dem sie es darauf anlegen, er, seine Potenz zu demonstrieren, sie, ihre Orgasmusfähigkeit vor sich selber zu beweisen, genau in dem Maße, wie sie um sich selbst bekümmert sind, sind sie orgasmusunfähig, er impotent, sie frigid. Sie müssen sich selbst übersehen können; sie müssen sich vergessen können; sie müssen in Selbstvergessenheit hingegeben sein können, an eine Aufgabe oder einen Partner.

Im Aufgehen in einer Sache oder in einer Person, in der Liebe zu einer Person, im Dienst der Sache, oder in der Liebe zu einem anderen Menschen, wird der Mensch überhaupt erst ganz Mensch, wird er er selbst. Das heißt, Selbstverwirklichung ist nur zu haben um den Preis der Selbsttranszendenz, der Selbstvergessenheit, in diesem besten Wortsinn." (Frankl 1981).

Soweit Professor Viktor Frankl. Was sagen andere?

Subjektive Definitionen von Glück

- Selbstvergessenheit
- Verschmelzen mit der Welt
- „Außer sich sein" in einem positiven Sinn
- Jenseits der Ego-Grenzen leben
- Einssein mit dem Universum
- Sich aufgehoben fühlen im All
- Verlust des Bewußtseins seines Selbst
- Aufgehen im Tun
- Frei von Angst sein
- Verlust des Ich
- Außerhalb der engen Identität stehen

Glück ist . . . ein *Flow*-Erlebnis

Mein Garten, sagte
der reiche Mann
und sein Gärtner lächelte.

Glück ist . . ., wenn man ein *Flow*-Erlebnis hat? Vieles spricht dafür: Durch Freude am Tun in Selbstvergessenheit geraten. Das Gefühl, vorübergehend erlöst zu sein von individuellen Grenzen, transzendiert in die Harmonie des Universums, das Einssein mit dem Gefühl: alles fließt. Dieses sogenannte *Flow*-Erlebnis, der Zustand, in dem Bewußtsein und Tun miteinander verschmelzen, gilt als Möglichkeit, mit der jeder Mensch sein Lebensgefühl verbessern, seine Lebensfreude steigern, Glück real erfahren kann.

So erklärt sich das Motiv des Menschen: Warum zum Beispiel spielen Menschen Schach, tanzen, klettern sie? Warum engagieren sie sich in Tätigkeiten, die weder Ruhm noch Ehre, weder Geld noch Beifall zur Folge haben? Diese Form von „intrinsischer" Motivation – also einem inneren Bedürfnis nach persönlicher Erfüllung folgend handeln – läßt den Menschen das Leben spüren, seine Entfaltungsmöglichkeiten spürbar erfahren. In einer Tätigkeit aufgehen setzt voraus, ein klares Handlungsmuster mit deutlich definierten Zielen zu haben, die Grenzen zu kennen, erlernbare Fähigkeiten einsetzen zu können und möglichst sofortige Rückmeldung zu erhalten. Als Beispiel demonstriert der in Chikago forschende Psychologie-Professor Michalyi Csikszentmihalyi die Tätigkeit des Chirurgen:

„Unter den richtigen Bedingungen wird das Operieren zu einem beflügelnden Erlebnis, das ‚süchtig' machen kann." Die von ihm befragten Chirurgen beschrieben das Gefühl, das sie bei komplexen Operationen überfällt, mit Analogien anderer positiv erregender Aktivitäten: Skifahren, Wasserskifahren, Hochgebirgsklettern, einen schnellen Wagen fahren, Badminton spielen, Segelwettbewerbe und Tennisturniere abhalten.

Antworten[1], die sich auf das Einsetzen und das Andauern des *Flow*-Erlebnisses beziehen:

Was löst das Erlebnis aus?	*Prozentsatz der Antworten*	*Was läßt das Erlebnis andauern?*	*Prozentsatz der Antworten*
Die Aktivität selbst	41	Die Aktivität selbst	26
Konzentration	13	Komplexitätswachstum	13
Herausforderungen	9	Intrinsische Motivation	12
Intrinsische Motivation	9	Umgebung	11
Positive Stimmung	7	Positive Stimmung	11
Umgebung	7	Können	10
Können	6	Konzentration	6
Positive Rückmeldung	3	Herausforderungen	4
Anderes	3	Positive Rückmeldung	4
Komplexitätswachstum	2	Anderes	3
	100		100

Aktivität und Engagement als einfacher Weg zur Lebenskunst für Beruf und Freizeit:

[1] nach: Csikszentmihalyi: Mihalyi und Isabella, Die außergewöhnliche Erfahrung – Die Psychologie des Flow-Erlebnisses, Klett, Stuttgart 1991

Csikszentmihalyi konnte seine Botschaft, die auf den Grundgedanken von Maslow, Rogers und Laski aufbaut, mit wissenschaftlichen Forschungsergebnissen untermauern. Er läßt offen, ob Plato recht hatte, als er es für möglich hielt, „das Leben als Spiel zu leben“. Dafür bezieht er persönlich klar Stellung:

„Soll die menschliche Evolution weitergehen, müssen wir auf die eine oder andere Weise lernen, uns an unserem Leben intensiver zu freuen.“

Das Drei-L-Glücksmotto

Es gibt keinen Zufall, das bestätigt die Realität jeden Tag. (Auch wenn man es oft erst im nachhinein bemerkt.) Und doch war ich enorm erstaunt, wie der weltbekannte Designer Luigi Colani seine Vision für die neunziger Jahre beschrieb, die ich ganz ähnlich als „Drei-L-Motto“ formuliert hatte. Colani spricht von: *langsam – leise – lustig.* Auf meinem Blatt stand: *lieben – lernen – lachen.*

Nun, es paßt zusammen. Nicht nur, weil sich das Lachen mit lustig besonders gut verträgt . . . Oder aber einfach: *lachen lieben lernen.* Denn wer lachen kann, gelegentlich auch über sich selbst, den verwöhnt das Glück.

Die spontane Antwort von Hans A. Pestalozzi

Natürlich stellt sich gerade an dieser Stelle die Frage, ob es nicht auch heute noch darum geht, sich in erster Linie um die Beseitigung von Problemen wie Inflation, Arbeitslosigkeit, Kriminalität und ähnliches zu kümmern. Ist es in unserer Zeit, in der mehr und mehr über Unglück, Leid und Hoffnungslosigkeit, über Krieg und Umweltkatastrophen diskutiert wird, noch legitim, daß wir über das Glück sprechen?

Ich stellte diese Frage dem ausgestiegenen Top-Manager Hans Pestalozzi, dessen Buch „Nach uns die Zukunft" von der heutigen orientierungshungrigen Generation geradezu verschlungen wurde.

Pestalozzi: „Ich finde es etwas kurios, daß man überhaupt danach fragt, ob man über das Glück sprechen soll. Ich meine, wir sprechen ja nur über Unglück und über Angst und ähnliches, weil dann Glück abwesend ist. Das Ziel ist doch das Positive, das Suchen nach dem Glück."

„Meinen Sie, alle Bestrebungen gehen dahin, einen Weg zu finden, glücklich zu werden?"

Pestalozzi: „Ja, selbstverständlich. Denn wenn es darum geht, Unglück abzuwenden, oder Angst abzuwenden, dann geht es mir ja um die Suche nach dem Glück."

„Es ist immer die gleiche Richtung?"

Pestalozzi: „Ja. Es ist die positive Formulierung des Negativen.“

„Und Sie sind eher ein Mensch, der gern das Positive sehen möchte?“

Pestalozzi: „Ja, natürlich. Wenn ich die ganze Entwicklung in unserer Gesellschaft aufzeige, dann heißt es: Der sieht alles negativ. Nein, im Gegenteil. In dem Moment, in dem ich die negativen Entwicklungen aufzeige, habe ich die Möglichkeit, einen anderen Weg einzuschlagen, neue Lösungen zu finden, nach den positiven Lösungen zu suchen. Also, wenn ich gegen AKW bin, dann bin ich nicht gegen AKW, sondern für eine dezentrale Energieversorgung, beispielsweise für die Schonung der kommenden Generation und so weiter. Wenn ich gegen eine Autobahn bin, dann bin ich ja für die Erhaltung der Strukturen, bin ich für die Erhaltung der Natur, bin ich für sinnvolle Verkehrslösungen. Ich suche nach den positiven Lösungen. Aber im ersten Moment sieht das negativ aus. Genauso bei Glück und Unglück. Wenn ich versuche, Unglück abzuwehren, Ängste abzubauen, dann versuche ich ja das Positive, nämlich Glück zu schaffen, nach dem Glück zu suchen. Abwesenheit von Angst reicht ja noch nicht für die Formulierung von Glück, für das Suchen nach dem Glück.“

Erstens Angstfreiheit, zweitens ...

„Das ist nur die erste Stufe? Die Kritik oder die Angstabwehr ist nur die erste Stufe, darauf baut sich dann die Möglichkeit auf, zum Glück zu kommen?“

Pestalozzi: „Ja. Wir können es vielleicht mit einem anderen Begriff vergleichen, mit dem Freiheitsbegriff. Wenn wir heute von Freiheit sprechen, meinen wir in der Regel nur die Abwendung von Unfreiheit. Nein, das muß ich anders formulieren: Wenn wir heute von Freiheit sprechen, dann meinen wir die negative Freiheit, nämlich frei wovon? Der Freiheitsbegriff, der beispielsweise unserer Wirtschaft zugrunde liegt, meint Freiheit, die gleichbedeutend ist mit Rücksichtslosigkeit, Schrankenlosigkeit, Grenzenlosigkeit und ähnlichem. Der wesentliche Freiheitsbegriff ist aber der positive Freiheitsbegriff, nämlich: Was mach' ich jetzt mit der Befreiung? Wenn ich mich einmal befreit habe – wie sieht dann die gestalterische Freiheit aus? Und das ist etwas grundlegend anderes."

frei *von* . . . plus frei für . . .

„Also: frei zu sein *für* etwas?"

Pestalozzi: „Ja. Aber das sind wir in der Regel nicht in unserer Gesellschaft. Das wäre der entscheidende Schritt. Wenn antiautoritäre Erziehung für uns darin bestand, einfach nur Grenzen zu beseitigen, dann mußte diese Freiheit ins Leere führen, weil wir nicht gefragt haben, wozu denn eigentlich? Wenn aber die Erziehung darin bestanden hat, es dem Kind zu ermöglichen, einen eigenen Willen zu formen, sich selber zu werden – und das kann man nur im Gegenüber, mit anderem Willen –, dann war das nicht eine Freiheit von . . ., sondern die Fähigkeit, sich selbst zu werden in Auseinandersetzung mit den anderen Willen."

„Das setzt voraus, daß man erst das Ziel definiert, das man erreichen möchte."

Pestalozzi: „Ja. Das erste ist natürlich unter Umständen schon die Befreiung. Aber erst dann, wenn ich mich einmal befreit habe, bin ich in der Lage, positiv zu formulieren. Die Befreiung an sich aber genügt nicht . . . Auch Abwesenheit von Angst beispielsweise genügt allein noch nicht. Ich muß doch wissen, wie ich jetzt mein Leben gestalten kann, damit ich dann wirklich glücklich bin.

Was ich in der Wirtschaft ganz extrem erlebt habe, das ist die Behauptung: Es geht euch doch so gut wie noch nie. „So gut gehen" würde doch heißen, daß wir glücklich sind. Und auf der anderen Seite stellen wir fest: ständig steigende Selbstmordquoten, steigende Kriminalität, Zunahme des Konsums von Alkohol, Drogen, Medikamenten, steigende neurotische Erkrankungen – sogar eine sprunghafte Zunahme. Das deutet darauf hin, daß wir immer unglücklicher werden.

Was stimmt jetzt: die Behauptung der Industrie, der Wirtschaft: Es geht euch so gut wie noch nie? Oder die Tatsache, daß sich die Sozialindikatoren, die über den Glückszustand der Gesellschaft Auskunft geben könnten, negativ entwickeln? Was ist jetzt das Glück?"

„Sie schreiben, daß die Menschen durch das Haben oder die Anhäufung von Gütern nicht glücklich geworden sind."

Pestalozzi: „Ich kann es nur wieder negativ formulieren: Was ich erlebt habe in der Wirtschaft, was die Wirtschaft dem Menschen beigebracht hat: Du mußt konsumieren; Glück ist einnehmbar, Glück ist machbar. In dem Moment, wo man dem Menschen Gefühle verkauft, versucht man ihm beizubringen, daß seine Gefühlswelt durch Konsum zu befriedigen sei. Glück sei etwas Externes. Und das stimmt natürlich nicht."

In jedem Menschen steckt die Fähigkeit, *sein* Glück zu empfinden

„Sondern Glück ist eine ganz persönliche Empfindung. Glück ist eine Lebensfähigkeit, ist Emotionsfähigkeit. Und gerade durch externen Konsum verhindere ich ja das Glück. Der externe Einfluß durch Konsum verhindert, daß ich mich selbst empfinden und mich selbst fühlen kann. Der Ansatz der Wirtschaft verhindert, daß ich echt glücklich werde."

„Noch eine Frage zum Schluß: Was macht Sie persönlich denn glücklich?"

Pestalozzi: „Wenn ich fähig bin, ganz intensiv zu empfinden. Das kann ein Erlebnis auf einer Wanderung sein. Das kann Liebe sein. Das kann eine Stunde in der Sonne liegen sein. Ganz entscheidend ist einfach, an der Sonne zu liegen und Sonne zu empfinden. Das sind ganz extreme Glücksgefühle. Das Entscheidende ist, daß wir wieder fähig werden, überhaupt Emotionen haben zu können, empfinden zu können. Denn das ist ja das, was man uns weg-erzieht, von frühester Jugend an, besonders in der Schule. Wir werden dazu erzogen, alles rational zu erfassen. Wir dürfen ja keine Gefühle haben. Wir kennen das ja in der Schule: Wo darf man Gefühle haben und zeigen und ausleben? Im Gegenteil: Man muß doch angepaßt sein, eingeordnet sein, sich unterordnen, sich nicht gehenlassen. Und emotionsfähig zu sein, heißt ja, sich gehenlassen, den Gefühlen Ausdruck geben zu können. Und das müssen wir wieder lernen. Sonst sind wir nicht fähig, Glück empfinden zu können."

Nun, eine endgültige Definition fällt tatsächlich schwer. Vielleicht hilft der alte Umweg der Wissenschaftstheorie, der auch in der Psychotherapie oft einen Ausweg darstellt: Glück ist das Gegenteil von Nicht-Glück. Doch was ist das nun wieder?

Wir Menschen sind Kontrast-Wesen: Wir schätzen das Licht erst, nachdem wir die Dunkelheit erfahren haben. Brot und Wasser genießen wir erst dann dankbar, wenn wir tatsächlich unter Hunger und Durst gelitten haben. Genauso geht es uns mit der Gesundheit, dem Geld oder dem Erfolg und auch genauso mit dem Glück. Nun ist das Unglück nur scheinbar das Gegenteil von Glück. So wie der Haß nicht das Gegenteil von Liebe ist, sondern die Gleichgültigkeit. Kein Interesse mehr haben, nicht mehr wissen wollen, wie es jemandem geht, sich auch an ihm nicht rächen wollen, einfach ignorieren: Das ist das Gegenteil von Liebe. Als eigentliches Gegenteil von Glück sehe ich zwei Empfindungs-Bereiche:

– Das kleine Gegenteil von Glück: die Langeweile.

– Das große Gegenteil von Glück: die Depression.

Mit dieser Erkentnis können Sie Ihre Lebensqualität nachhaltig verbessern! Fangen wir an:

Das kleine Gegenteil von Glück: die Langeweile

Für die scheinbare Allmacht des Menschen in unserer Zeit, die ihm ein Alles-ist-machbar-Gefühl vermittelt, zahlen wir den hohen Preis der tiefen Angst, die uns heute beherrscht, die vielfach verzerrt in Form von Depressionen zum Vorschein kommt. Eine Möglichkeit, dieser Angst zu begegnen, erreichen wir dadurch, daß wir unser Bedürfnis nach Orientierung und Sicherheit befriedigen. Wir versichern uns und unser Hab und Gut, wir versichern uns unseres persönlichen Werts und unserer Zukunft. Versicherungspolicen, Auszeichnungen und Orden, Ehrungen, Stundenpläne und Terminpläne vermitteln uns dreierlei Ordnungs-Chancen:

1. Wir wissen, daß wir wichtig sind;
2. wir wissen, was wir tun sollen;
3. wir wissen, daß wir okay sind, wenn wir das Plansoll erfüllt haben.

Gut und schön, wenn's funktioniert und tatsächlich hilft. Die Gefahr liegt hier jedoch darin, daß Abenteuer und Überraschungen ausgeschlossen sind: für den neurotisch-ängstlichen Menschen eine Beruhigung, für den glücksuchenden, gesunden Menschen eine Qual. Er hat sich der Chancen für das Glück beraubt. Langeweile kommt auf, verursacht von drei Glücksbremsen: Monotonie, Konventionen und Passivität. Ist das wirklich für unser Lebensgefühl so wichtig? Ja! Wieso?

Monotonie

Der Reizhunger des Menschen ist ein angeborener Mechanismus, der uns nach immer neuen Erfahrungen drängt. So kommen wir vorwärts, unserem Ziel oder Sinn dieses Lebens immer näher. Sicherheit und Versorgungsgarantie blockieren diesen Reizhunger, weil wir uns damit der Zukunft beraubt haben: Wenn ich heute schon weiß, was morgen sein wird, dann erlebe ich das Morgen schon heute, also gibt es für mich kein Morgen, und damit keine Überraschungen mehr. Ich habe mir meine Hoffnung getötet.

Andererseits brauchen wir ein gesundes Maß an Monotonie, brauchen wir die beruhigende Regelmäßigkeit, das angstlösende Gefühl: Alles ist in Ordnung. Das beginnt bereits frühmorgens: Es beruhigt mich (unbewußt), daß an diesem Morgen die Sonne aufgegangen ist. Ich sehe in den Spiegel und entdecke, daß ich der gleiche bin, der gestern eingeschlafen ist. Ich sitze am Frühstückstisch meiner Partnerin gegenüber und spüre durch ihr Lächeln, daß sie mich noch immer liebt.

Und so geht es den ganzen Tag. Wenn ich aber nicht nur weiß, was ich um zehn Uhr und um elf Uhr und um vierzehn Uhr tun werde, sondern auch noch, was ich heute abend und jeden beliebigen Abend der Woche, des Monats oder des Jahres tun werde, dann wird aus dem Rhythmus Pflicht, die eine spontane und selbstverantwortliche Entscheidung nicht mehr zuläßt.

Konventionen

Ebenso wie Rhythmus, Regelmäßigkeit und Monotonie beruhigen können, wirken sie im Extrem als Quelle von Langeweile.

Vergleichbar damit sind Konventionen, die uns für unklare Situationen optimale Verhaltensweisen vorschlagen. Die Konvention nimmt uns die Entscheidung ab.

Beispielsweise empfiehlt uns eine Konvention, auch einem langweiligen Redner bis zum Ende zuzuhören. Wir werden uns langweilen und die Zeit bis zum Ende der Rede unglücklich erleben. Aber nur so erreicht der Redner die Menschen, die seine Botschaft interessiert, wenn er bis zum Ende sprechen kann. Würden wir es wagen, uns davonzuschleichen, das heißt, gesund-egoistisch unserem Bedürfnis folgen und gehen, ohne den anderen die Show zu zerstören, hätten wir die optimale Lösung gefunden.

Passivität

Hätten wir uns aber gezwungen, die Zeit bis zum letzten Satz abzusitzen, sie wäre uns unendlich lang vorgekommen.

Vergleichen Sie einmal das Zeitgefühl für eine Minute in der Situation des erzwungenen Wartens, beispielsweise ehe Sie jemanden, den Sie lieben, wiedersehen können, mit einer Minute in einer Situation, in der Sie vollends glücklich sind.

Wie rasch vergeht für Sie die Zeit im Zustand der Sehnsucht im Vergleich zum Zustand der Wonne?

Wir erleben die Zeit wie das Verhältnis der Geschwindigkeiten von Stunden- und Sekundenzeiger.

Immer wenn das Warten zum Muß wird, erleben wir Frustrationen, entwickeln wir erst Aggressionen, dann Depressionen. „Man kann nichts tun, man muß abwarten", ist eine der großen Unglücksformeln, die sich vor allem notorische Fernseher, Lottospieler oder naiv Hoffende einreden.

Anstatt die Glücksformel „Aktivität ist der einfache, Abenteuer der besondere Weg zum Glück" zu beherzigen, warten sie auf das Wunder, das letztlich mehr Enttäuschung als Erfüllung bringen wird.

„Ein Leben übervoll von Aufregungen ist ein erschöpfendes Leben, in dem ständig stärkere Reize nötig sind, um die angenehme Erregung zu verschaffen, die als wesentlicher Bestandteil von Genuß betrachtet wird", sagte Bertrand Russell.

Das große Gegenteil von Glück: die Depression

Bei der *Langeweile* können Sie meist selbst die Ursachen beheben, ein neues Lebens-Muster beginnen. Bei der *Depression* ist es meist so (ich spreche von der psychogenen, reaktiven Depression, die in den Praxen der praktischen Ärzte immerhin 70 Prozent der diagnostizierten Depression ausmachen), daß man alleine oft keinen Ausweg mehr findet.

Hier muß nicht immer gleich der Psychologe her. Oft können Angehörige, der Partner oder gute Freunde viel gutmachen – oder auch falsch machen?

Wenn ich einmal zusammenfasse, welche Erfahrungen ich in meiner psychotherapeutischen Praxis gemacht habe und was ich in der einschlägigen Fachliteratur an Forschungsergebnissen fand, dann komme ich zu dem Schluß: Eine Depression ist für Angehörige eigentlich kaum zu verstehen. Man sieht die Krankheit nicht, kann sie mit dem „gesunden Menschenverstand" nicht begreifen. Insbesondere die Tatsache, daß der Patient *subjektiv* enorm leidet, obwohl es ihm meist *objektiv* gar nicht so schlecht geht, oder gehen müßte, wie man meint, macht es einem als Angehörigen oft ungeheuer schwer.

Hier hat man als Freund, Kollege oder Partner die Verantwortung, sich entsprechend zu verhalten. Denn man kann in dieser Position viel *falsch* machen, aber, und das ist die Chance, man kann auch viel *richtig* machen. Konkret als erstes:

Woran erkennt man eine Depression?

1. Der Depressive hat die *Fähigkeit verloren, Freude zu empfinden*, er mag sich selbst nicht mehr.
2. Er hat *kein Interesse* mehr an Hobbies, Sexualität, eigentlich an nichts mehr.
3. Er kann sich nur *sehr schwer oder gar nicht entscheiden*, das beginnt schon morgens vor dem Kleiderschrank: Was soll ich heute anziehen?
4. Er *fühlt sich* einfach *schlecht*, ist traurig oder weinerlich.
5. Er kann sich *schlecht* auf eine Aufgabe *konzentrieren*, meint, überhaupt *nichts mehr leisten* zu können.
6. Er hat chronische *Schlafstörungen.*
7. Er hat *kein Selbstwertgefühl* mehr, im Gegenteil, eher *Selbstmordgedanken.*

Als Außenstehender, Freund oder Partner will man wissen, was man letztlich tun soll, wie man sich richtig verhalten soll, um nichts falsch zu machen. *Was hilft* und *was schadet* eher? Eine enorm wichtige Frage, denn tatsächlich bewirkt ein Angehöriger mit Trost, Mitleid oder Aufmunterung oft sogar das Gegenteil. Was als Hilfestellung gedacht war, verstärkt beim Patienten möglicherweise das Gefühl der Hilflosigkeit, weil für ihn das Gefühl des Unverstandenseins jetzt noch dazukommt.

Gelegentlich passiert es auch, daß die andauernd pessimistischen und hoffnungslosen Äußerungen auf die anderen abfärben, die Angehörigen regelrecht anstekken und als Folge diese dann in eine ähnlich negative Weltsicht verfallen – oder fälschlicherweise zu der Ansicht gelangen, der Patient sei eben so veranlagt, er sei unheilbar. Depression aber ist eine behandlungsbedürftige Krankheit, auch wenn sie nicht immer als solche erkannt wird. Die Apathie des Patienten, die ja meist morgens verstärkt auftritt, oder seine Interesselosigkeit und Gleichgültigkeit allem gegenüber werden gerne als Faulheit ausgelegt. „Er hat keinen Schwung mehr", heißt es dann. Dem ist auch tatsächlich so. Aber das hat nichts mit der Willensstärke zu tun, nein, der Betreffende ist krank und damit auch behandlungswürdig.

Behandlung das bedeutet: etwas verändern, damit es besser wird. Aber kaum jemand hat vor Veränderung soviel Angst wie gerade der Depressive. Denn: *Veränderung beinhaltet ja auch potentiell die Gefahr, daß es schlechter werden könnte*, als es derzeit ist. So wartet der Depressive oft mit dem Besuch beim Arzt oder Psychotherapeuten, bis der Leidensdruck so groß ist, bis es so schlimm ist, daß es eigentlich nur noch besser werden kann. Oder, anders gesagt: Der Leidensdruck muß immer ein bißchen größer sein als die Angst vor der Veränderung.

Das klingt hart, aber es stimmt. Dabei orientiere ich mich als wissenschaftlicher Psychotherapeut an meiner Praxis-Erfahrung *und* an den Forschungs-Ergebnissen:

Erkenntnisse aus der kognitiven Verhaltenstherapie

Die Welt durch die Brille eines depressiven Menschen sieht folgendermaßen aus:

1. Er sieht die Welt schwarz-weiß statt in Farbe.
2. Er verallgemeinert, statt einen realistischen Blickwinkel zu wählen.
3. Er sieht das halbleere anstatt das halbvolle Glas.
4. Er bewertet negativ statt positiv.
5. Er erwartet von der Zukunft eher Mißerfolge statt Erfolge.
6. Er übertreibt eigene Fehler, untertreibt eigene Stärken, statt Fehler und Stärken angemessen zu akzeptieren und damit umzugehen.
7. Er entscheidet blind nach seinen inneren verzerrten Gefühlen anstatt nach seiner aktuellen Wahrnehmung.
8. Er motiviert sich mehr durch Formulierungen wie: „Eigentlich müßte, eigentlich sollte ich", anstatt durch: „Ich will."
9. Er definiert die eigene Identität anhand von Mißerfolgen statt anhand seines Beziehungsspektrums aus Kontakten mit Freunden, Bekannten, Kollegen und Verwandten.
10. Er übernimmt Verantwortung für alle Mißstände dieser Welt anstatt für sich selbst.

Fazit:

1. Der depressive Mensch denkt falsch.
2. Der depressive Mensch bewertet falsch.
3. Er vermittelt sich falsche Erfahrungen.

Die Lösung liegt in der Frage: Wer bin ich?

Und die richtige Antwort lautet: Ich bin meine Wahrnehmung! Also weniger denken, grübeln, Sorgen machen, dafür offen sein für unverzerrte Realitäts-Wahrnehmung.

Dabei lautet der vorherrschende Gedanke im Depressiven: *„Mir fehlt etwas. Und deshalb bin ich wertlos."* Auslöser dafür kann oft ein Verlust sein, etwa der Verlust eines wichtigen Menschen, des Arbeitsplatzes oder der Gesundheit. Mir schickte einmal ein praktischer Arzt einen Patienten zur Psychotherapie, der soeben eine schlichte Knöchelverletzung ausgeheilt hatte und über diese allererste Krankheit beziehungsweise Verletzung in seinem Leben in eine tiefe reaktive Depression rutschte. Er war in seinen 42 Jahren noch nie krank gewesen, jetzt war er sozusagen seelisch tief verletzt, gekränkt (= krank), daß er nicht perfekt war, sondern daß er etwas von seiner bisher hundertprozentigen Gesundheit verloren hatte.

„Ich habe etwas verloren", heißt für den depressiven Menschen: „Ich habe verloren im Spiel des Lebens!" Letztlich geht er so weit, sich zu fragen, ob er nicht vielleicht *überhaupt* ein *Verlierer* sei. Und wenn er so tief unten ist, daß er alleine überhaupt nicht mehr weiter weiß, was macht er dann?

Er klammert sich an den nächsten Angehörigen, den Partner oder an die Eltern und versucht mit allen Mitteln, die Angst vor dem Verlust auch noch dieses oder dieser Menschen zu beschwichtigen: Durch Leistung oder Aufopferung. Wichtig ist hier sowohl für den Arzt wie für die Angehörigen, soweit es geht, unbewußte Teufelskreise zu erkennen, in denen sich der Depressive möglicherweise verfangen hat.

Ich möchte einmal zwei typische Teufelskreise aufzeigen und nenne sie *„Gilt nicht"* und *„Selbstaufgabe"*. Beim *Gilt-nicht*-Teufelskreis versucht der Depressive, den anderen zur Zuwendung zu provozieren, ja durch Mitleid zu erzwingen, daß man Zeit für ihn hat, was er aber letztlich nicht als echte Zuwendung verbucht, weil es ja aus Mitleid heraus geschah. Zu verstehen ist das im Sinne von: *„Bitte bleib bei mir – aber jetzt bleibst du nur, weil ich dich darum gebeten habe."* Die so erlangte Zuwendung gilt also für ihn nicht als echte Zuwendung, so daß das Zuwendungsdefizit bleibt. Was als Teufelskreis für den Depressiven wirkt, ist für den Angehörigen meist eine Falle, in die dieser leicht aus Hilfsbereitschaft hineingerät und in der er dann kaum noch eine Chance zu echter Hilfestellung hat.

Der Teufelskreis *Selbstaufgabe* stammt von der unrealistischen Einstellung des Depressiven, je mehr er auf die egoistische Erfüllung seiner eigenen Bedürfnisse verzichte, um so größer sei die Chance, nicht verlassen zu werden. *„Weil ich mir nichts gönne, werde ich sicher eines Tages dafür belohnt werden."* Und so wechselt er von übertriebener Bescheidenheit bis zur totalen Selbstaufgabe, über die Abhängigkeit bis zur Angst um den Verlust der Abhängigkeit.

Die drei größten Fehler

1. *Ablenken und Appellieren:* „Schau doch mehr auf das Positive, es ist doch gar nicht so schlimm" ... Mit solchen wohl gutgemeinten, aber aufgesetzten Ratschlägen, fühlt sich der Depressive nicht verstanden, nicht ernst genommen in seiner für ihn subjektiv sehr leidvollen Situation. Ebenso falsch sind Appelle wie: „Jetzt reiß' dich doch endlich einmal zusammen, man kann das ja gar nicht mehr mit ansehen, wie du dich zu Hause vergräbst, während draußen die Sonne scheint und alle Leute fröhlich sind." Der Depressive ist eben nicht „alle Leute", für ihn gilt im Moment nicht, was man allgemein gerade fühlen mag. Er möchte ja vielleicht eigentlich auch gerne, aber er kann nicht. Wichtig für den Angehörigen zu wissen: er ist nicht *unwillig,* er ist in der jetzigen Phase *unfähig* zu aktiver Lebensfreude. Lassen Sie ihm das Recht auf passive Verweigerung. Wenn schon seine Fähigkeit, aktiv zu entscheiden, momentan nicht verfügbar ist, so gibt ihm die negative Abgrenzung im Sinne von „Nein, ich will nicht" doch unbewußt ein Restgefühl von Identität.

2. *Von einem Depressiven Entscheidungen erwarten:* Fragen Sie einmal einen Menschen, was er will und weshalb. Er wird Ihnen überwiegend Antworten der Art geben, daß er sagt, was er nicht will.
Das fällt uns Menschen leichter. Und auf diesem Niveau hat sich der Depressive verfangen, daß er, wenn er überhaupt noch zu einer Entscheidung fähig ist, eher sagen kann, was er nicht will.
Also, was tun? Ich empfehle hier folgendes:

Während einer Depression soll man grundsätzlich keine lebenswichtigen Entscheidungen wie Berufswechsel, Partnerwechsel, Hausverkauf oder ähnliches treffen. Auch wenn es so scheint, daß dann die große innere Belastung aufgelöst wäre. Dies kann eine Illusion sein! Äußere Merkmale wie Beruf, Partner oder Wohnform sind nicht grundlos da, sondern sichtbarer Ausdruck der Wahl der eigenen Lebensform, wie man sie sich schrittweise durch einzelne Entscheidungen geschaffen hat. Und eine Entscheidung gilt mehr, wenn man weiß, was man will (das wäre die positive Wahl), als wenn man von etwas befreit werden möchte (das wäre die negative Wahl), ohne eine Alternative dafür zu wissen. Entscheidungen sollten also verschoben werden auf einen Zeitpunkt, zu dem der Depressive mehr Kraft für eine positive Wahl hat. Die Entscheidungen fallen dann erfahrungsgemäß angemessener aus.

3. *Urlaub und Kur*: „Dann gönn' dir doch zwei Wochen Urlaub, dann vergißt du all das hier" ist eine weitere falsche Empfehlung. Denn der Depressive kann nicht aus seiner Haut heraus. Er nimmt seine ganze innere Ungeklärtheit mit, das schönste Panorama, die herrlichsten Strände, die reizvollsten Entfaltungsmöglichkeiten, all das würde er gar nicht sehen. Im Gegenteil: In der fremden Umgebung würde er mit seiner Kontaktschwäche und Teilnahmslosigkeit nur noch grübeln. Also würden sich seine Minderwertigkeitsgefühle nur verstärken, möglicherweise bis zu einem bedrohlichen Maß. Ebenso ist ein Kuraufenthalt während einer Depression nicht zu empfehlen, auch wenn er objektiv sehr gut tun würde.

Hier taucht früher oder später die Frage auf, was soll man tun bei Suizidverdacht? Ein brisantes Thema gerade für den richtigen Umgang mit dem Depressiven, denn einer von sechs depressiv Kranken stirbt durch Selbsttötung. Ich möchte hier an einige bewährte Orientierungen erinnern.

Die meisten Selbsttötungen kommen übrigens nicht im trüben November vor, wie man meinen könnte, sondern passieren im strahlenden Frühsommer, konkret: im Juni.

Die Erfahrung zeigt auch, daß der depressive Patient nicht zum Zeitpunkt seines tiefsten Tiefs am selbstmordgefährdetsten ist, sondern kurz danach, wenn es allmählich wieder aufwärts geht. Die Ursache für diesen auf Anhieb unlogisch erscheinenden Zeitpunkt für einen Suizidversuch liegt darin, daß der Depressive nach dem lähmenden Stimmungstief wieder anfängt, Kraft zu schöpfen und zu ersten Entscheidungen fähig ist, aber noch in seinen von Hoffnungslosigkeit und Verzweiflung gefärbten Gedanken verhaftet ist. Die Angehörigen sollten hier besonders wachsam sein, für den depressiv Kranken Zeit haben und da sein.

Auch sonst gilt als Faustregel beim Verdacht auf Selbsttötungsabsichten: *immer* ernst nehmen. Also lieber ein-, zwei-, dreimal – vielleicht letztlich grundlos Selbsttötungsabsichten vermuten als einmal dieses Vorhaben übersehen. Bewährt hat sich für die Angehörigen, nicht auf Selbsttötungsäußerungen zu warten, sondern ähnlich wie ein Psychotherapeut den Depressiven in einem geeigneten Moment direkt zu diesem Thema zu befragen und dann mit ihm ausführlich darüber zu sprechen. Aber was tun, wenn jemand Sie mit Selbstmord erpreßt?

Natürlich geht es nicht an, sich auf Dauer mit Selbstmorddrohungen manipulieren zu lassen im Sinne von: „Wenn du mich verläßt, dann bringe ich mich um."

Mit diesem Dilemma bin ich auch in meiner psychotherapeutischen Praxis gelegentlich konfrontiert. Ich habe gute Erfahrungen damit gemacht, in einer derartigen Verzweiflungssituation mit dem Klienten offen über seine Für- und Wider-Gedanken zur Selbsttötung zu sprechen, also ihn mit dieser Gewissensfrage nicht allein zu lassen, sondern ihn *ohne* moralische Bewertung *ernst* zu nehmen und *an*zunehmen. Ich wecke bei meinen Patienten – meist ohne Religion, Gesetz oder Moral zu zitieren – gerade *mit Hilfe dieser Krise* ein verstärktes Autonomiegefühl, nachdem der Klient sich bewußt und freiwillig zum „Ja zum Leben" entschlossen hat, gemäß dem Motto: „Ich akzeptiere die Gnade, leben zu dürfen. Ich bin ein Teil der Natur und bin mir dessen bewußt. *Ich* beschließe: *Ich* will *leben.*"

Vielfach handelt es sich aber nicht um die Möglichkeit eines distanzierten Abwägens aller Für und Wider, insbesondere der Frage, wie will ich am Jüngsten Gericht mir selbst gegenübertreten, wenn ich auf meine Lebensentscheidungen zurückblicke. Meist handelt es sich eher um eine depressive Krise, die auch mit den entsprechenden Kriseninterventionstechniken der Psychotherapie bewältigt werden will. Neben der erwähnten Empfehlung, dem Depressiven eindeutig zu verstehen zu geben: „Ich bin für dich da", arbeite ich in meiner psychologischen Praxis nach dem Muster, dem Selbstmord-Kandidaten für seine Entscheidungsfindung ganz konkret vorzuschlagen, damit noch eine Woche zu warten und eine Woche später zum exakt gleichen Zeitpunkt erneut mit mir darüber zu sprechen. Der Klient geht meist auf meinen Vorschlag ein, wenn ich ihm sage: „Was ist schon eine Woche im Vergleich zum ganzen bisherigen Leben?"

Sollte er dann immer noch Selbstmordabsichten verfolgen, nehme ich ihm das Versprechen ab, es mir zuliebe keinesfalls nachts zu tun. Auch das erhöht seine Überlebenschancen, denn die meisten Suizidversuche passieren nachts, weil die Einsamkeit dann intensiver erlebt wird und die einem 24-Stunden-Rhythmus folgenden biologischen Stimmungs-Substanzen reduziert sind.

Die übergroße Lebensangst des Depressiven ist letztlich Angst vor Individuation, vor gesunder Selbstentfaltung und Autonomie. Sein Streben richtet sich unbewußt vielmehr auf Abhängigkeit, auf Möglichkeiten, die Verantwortung für sein Schicksal möglichst anderen zu überlassen, an die Umstände zu delegieren oder an den Arzt oder an die Angehörigen. Und hier wird ein Paradoxon sichtbar, das zeigt, warum man den Depressiven nicht unbedingt nur schonen sollte:

Denn trotz oder gerade wegen seines Leidens besitzt der depressiv Kranke, der sich selbst so abhängig und ausgeliefert fühlt, oft indirekt die größte Macht in der Familie.

Dabei definiere ich die Macht so, daß derjenige die *Macht* hat, der erreicht, daß andere etwas für ihn *machen.* Für ihn werden heikle Themen ausgespart, kritische Freunde lieber nicht eingeladen, um des Depressiven willen entwickelt sich der Familienstil weg vom fröhlichen Palavern hin zu einem „sanatorialen Schonklima", in dem man lieber duldet und schweigt, um keine Tränen oder klagende Blicke zu provozieren. Was steckt dahinter?

Der Depressive klagt sich selbst an: und erwartet dafür unbewußt folgendes:

Die passive Erfüllung seiner Wünsche. Dies ist eine unbewußt inszenierte Variante des „Fishing-for-compliments-Spiels". Vielfach läßt sich besser verstehen, was in einem Depressiven vorgehen mag, wenn man ihn sich als Märchenfigur vorstellt, als einen, der eigentlich dauernd beleidigt ist, daß die Welt so ist, wie sie ist, der aber auf die mächtige Königin hofft, die ihm alle Wünsche von den Augen abliest und erfüllt.

Damit erlöst sie ihn vom Hauptcharakteristikum des Erwachsenseins, nämlich davon, selbst Entscheidungen zu treffen. Aber in der Wirklichkeit ist keine Königin da, er sieht nur Forderungen. Und da der Depressive das Wort Forderungen nur einseitig kennt, also nicht als Weg, etwas „von der Welt zu erreichen", sondern Forderungen nur als Geben-Formel sieht, fühlt er sich zwangsläufig andauernd überfordert. Es findet kein Austausch statt, sondern nur ein Verausgaben. So hört man von depressiven Klienten oft Sätze wie „Es ist alles soviel", oder „Wo soll ich nur die Kraft für all das hernehmen?" Was seinen innerseelischen Kräftehaushalt betrifft, ist er in der Situation wie einer, der immer nur Rechnungen bezahlen muß, aber nie verdient. Sein Energiekonto befindet sich dauernd in den roten Zahlen.

Familientherapeutisch betrachtet ist diese Haltung für die Angehörigen anstrengend und irgendwie praktisch zugleich. Würde er nämlich plötzlich beginnen, seine Forderungen an die anderen selbständig zu verfolgen, wäre er möglicherweise erst einmal für alle anderen unbequem (dafür aber nicht mehr auf seine passive Art anstrengend).

Im Idealfall werden die Angehörigen nicht nur zu einer Art Co-Therapeuten des behandelnden Arztes oder Psychotherapeuten, sondern erkennen, daß sie für die Gesundung des depressiv Kranken – der möglicherweise Symptomträger eines kommunikationsgestörten Familiensystems ist – auch ihr Verhalten zueinander und dem Kranken gegenüber verändern lernen müssen. Sie können im Sinne von „man braucht immer zwei dazu“ daran arbeiten, Verhaltensweisen, die den Patienten in passiver Unmündigkeit halten, abzubauen und sich dafür gegenseitig in förderlichem Verhalten zu üben – also eine durchgängig positive Lebensführung probieren. Das ist erlernbar.

Als Hilfestellung für jeden Depressiven, der sich wertlos fühlt und sich am gedeckten Tisch der Lebensfreuden dasitzen sieht, sich aber nicht zuzulangen traut, der deshalb darüber sinniert, sich doch gleich das Leben zu nehmen, sollten wir ihm zurufen „Nimm dir das Leben, hol es dir! Es steht dir viel mehr zu, als du dich bislang vom Leben zu nehmen getraut hast. Du darfst! Und ich helfe dir dabei!“

Aber vermitteln Sie ihm gleichzeitig: „Laß dir Zeit – und nimm dir Zeit. Ich, als dein Angehöriger, dein Mann, deine Frau oder deine Tochter werde dich nicht bedrängen. Ich für meinen Teil führe weiterhin mein gesundes Leben, gehe aus, pflege meine Freundschaften und Bekanntschaften!“ Darf man sein eigenes Leben einfach so weiterleben? Darf man das so sagen?

Ja! Sagen Sie ihm ruhig: „Ich freue mich über die kleinen und die großen Freuden des Lebens, soweit es mir möglich ist. Und wenn du reden willst mit mir, bitte sag etwas. Dann bin ich da für dich – und hör dir zu.“ Aber Sie können noch mehr tun:

Das „Los“ des Depressiven

entschlußlos

freudlos

freundlos

glücklos

hilflos

humorlos

interesselos

kraftlos

lustlos

machtlos

orientierungslos

richtungslos

schlaflos

visionslos

willenlos

ziellos

Was kann man richtig machen?

Drei Punkte zur Orientierung:

1. Der Angehörige ist aufgerufen, den Depressiven als Kranken anzuerkennen und für ihn da zu sein. Auch wenn man äußerlich nichts sieht, ist der Depressive krank. Da man heute oft noch Kranksein mit körperlichem Kranksein gleichsetzt, wählen einige depressiv Kranke *unbewußt* ein psychosomatisches Symptom, um für die Umwelt eine konkrete Krankheit vorweisen zu können. Aber auch wenn der Patient scheinbar nichts hat, ihm scheinbar nichts fehlt – es fehlt ihm das Wesentliche: *das Vertrauen in seine eigene Kraft.*
   Jetzt zu Ihnen als Angehöriger: Sie wissen, erst wenn wir einen Ist-Zustand akzeptieren, können wir etwas verändern. Also versuchen Sie, den depressiv Kranken als subjektiv kraftlos, ängstlich und entscheidungsgehemmt zu verstehen. So können Sie mit ihm ein Team bilden, bei dem er sich von Ihnen verstanden fühlt und Sie ihn jetzt mit dem erreichen können, was Sie ihm geben wollen. Da ist vor allem, für ihn da zu sein. Was bedeutet: bedingungslose Zuwendung. Dies kann mitunter sehr schwer sein, anstrengend werden. Aber wenn Sie ihm etwas Gutes tun wollen, *sprechen* Sie mit ihm, *hören* Sie ihm zu und *helfen* Sie dem Depressiven, seine blockierten Gefühle *zu verbalisieren*, in Worte zu fassen.

2. Die zweite Empfehlung lautet: schrittweise *seine Aktivierung unterstützen.* Noch wichtiger:

Selbst Zuversicht ausstrahlen. Lenken Sie seinen Blick immer wieder einmal auf die von ihm bereits erbrachten Fortschritte. Dafür bekommen Sie von ihm wahrscheinlich weder Dank noch Beifall. Bleiben Sie aber dennoch bei Ihrer zuversichtlichen Einstellung, mit der Sie ihm Kraft geben können.

Grundsätzlich gilt: *Jede Aktivität stabilisiert* die Stimmung. Und sie mobilisiert den Kreislauf, was besonders wichtig für jeden Depressiven ist, der Medikamente einnimmt.

Also sollten Sie den depressiv Kranken dazu anhalten, daheim in der gewohnten Umgebung Spaziergänge zu machen, zum Schwimmen zu gehen, wenn möglich spielerisch oder sportlich regelmäßig körperlich aktiv zu sein, und ihm damit den Weg zeigen, über diese Quellen von Lebensfreude wieder etwas Interesse am aktiven Leben zu finden.

3. Als dritten Punkt empfehle ich: *selbst ein gesundes Leben vorleben.* Wenn Sie als Gesunder ein ausgeglichenes Leben führen, erreichen Sie damit gleichzeitig zwei Dinge: einmal zeigen Sie dem Depressiven, daß es trotz vieler Schwierigkeiten möglich ist, ein erfülltes Leben zu führen.

   Noch wichtiger: Für Ihre kräftezehrende Position an der Seite eines Depressiven brauchen Sie so viele *Energiequellen* wie möglich. Also pflegen Sie jetzt verstärkt Ihre vorhandenen Kontakte zu Freunden, Bekannten, Veranstaltungen und Vereinen und, wenn möglich, erweitern beziehungsweise intensivieren Sie sie. So gewährleisten Sie Ihre Belastbarkeit. Aber ist das nicht unfair? Ist das nicht unmoralisch? Darf man das?

Ja! Sie dürfen nicht nur, Sie müssen – aus Selbstschutz! Denn Depressionen sind zwar nicht anstekkend im herkömmlichen Sinn, aber der Depressive kann Sie auf seine reduzierte negative Weltsicht „herunterziehen“, wenn Sie dem nicht vorbeugen.

Es ist somit allen geholfen, wenn es Ihnen gelingt, Ihre Gesundheit und Lebensfreude zu erhalten.

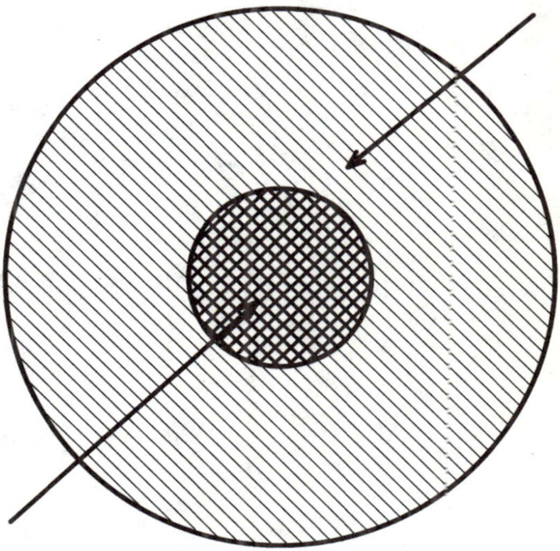

Der Mut zur Veränderung: Ein Fall von leidend erlebter Einsamkeit

Frau Magda S., in ihrem Betrieb geschätzte Buchhalterin, 45 Jahre alt, geschieden, die Tochter lebt bereits seit fünf Jahren verheiratet in Amerika. Ihre Einsamkeit konnte sie erst gut durch den Fernsehapparat verdrängen und dadurch, auch am Wochenende die Akten durchzuarbeiten, „die unbedingt gemacht werden müssen." Dann fing es langsam an, daß sie immer schlechter schlafen konnte. „Die Wechseljahre", dachte sie. Aber es wurde immer schlimmer, war nicht mehr normal, denn zur Schlaflosigkeit kam immer mehr Angst, eine Angst, mit der sie nichts anzufangen wußte. Es war weniger eine Angst vor dem Sterben, auch nicht eine Angst vor dem Alter, es war die Angst vor dem Alleinsein, vor dem „Ganz-allein-Sein in der Welt".

Erst jetzt ging sie zum Arzt. Er sagte ihr, sie solle sich doch einmal einem Verein oder einer Gruppe anschließen oder Kurse in der Volkshochschule besuchen. Und er verschrieb ihr etwas gegen die Angst und für das Einschlafen. Das half zwar eine Weile, aber machte sie „neblig", wie sie sagte, und vor allem diese eine Angst ließ sich damit auch nicht in den Griff bekommen. Den Kurs in der Volkshochschule besuchte sie auch nur ein einziges Mal, dann traute sie sich nicht mehr „zu diesen vielen fremden Menschen dort . . ."

Um Magda besser zu verstehen, muß man etwas tiefer schürfen:

Die Psychologische Erklärung

15 Prozent der Bevölkerung bekennen sich dazu, immer oder fast immer einsam zu sein. Lediglich sechs Prozent geben an, sich nie einsam zu fühlen. Diese Zahlen stammen aus einer New Yorker Studie, in der mehr als 25 000 Menschen befragt wurden; die Untersuchung entkräftet auch das Vorurteil, Einsamkeit sei ein Altersproblem. Es stimmt zwar, daß mehr alte als junge Menschen allein leben, aber deshalb sind die älteren Menschen nicht gleich auch einsamer. Leidend erlebte Einsamkeit ist nämlich meist die Folge einer schwachen, das heißt unreifen Persönlichkeit beziehungsweise einer unrealistischen Erwartungshaltung gegenüber der Umwelt inklusive der Hoffnungen, Wunschvorstellungen und Tagträume, die an der Wirklichkeit vorbeigehen. Konkret lassen sich fünf Hauptgründe für die leidend erlebte Einsamkeit erkennen:

1. Unterentwickeltes Selbstvertrauen („Ich kann nichts bieten ..."),
2. Perfektionismus („Ich muß erst noch besser/mehr ..."),
3. Angst („Ich traue mich nicht ..."),
4. Masochismus („Es steht mir nicht zu ..."),
5. Depression („Ich weiß nicht, was ich will, ich will nichts mehr ...").

Und warum wird Einsamkeit so oft leidend erlebt? Nicht nur, weil damit die Anerkennung von anderen und damit die für unsere Seele lebensnotwendige Zufuhr von Streicheleinheiten fehlt, sondern auch deshalb, weil Einsamkeit ungeduldige Langeweile erzeugt. Wie ich in meiner psychologischen Glücksforschung ermittelt habe, ist nicht das Unglück, sondern die Langeweile das Gegenteil von Glück!

Meine Therapie

Im konkreten Fall von Frau Magda S. entschied ich mich dazu, ihr einen Therapieplan vorzuschlagen, der von drei Seiten ansetzt: an den *Wurzeln* ihrer Isolation, an ihrem sichtbaren *Verhalten*, und an ihrer *Einstellung* zu sich und zu den anderen Menschen.

Der Therapieplan betraf folgende drei Seiten:

Analytisch: Lebensgeschichtlicher Hintergrund, vor allem die frühe Kindheit und Pubertätszeit.

Verhaltenstherapeutisch: Einüben von erfolgreichem Kontaktverhalten, etwa in einer psychotherapeutischen Selbsterfahrungsgruppe.

Psychohygienisch: Die Wirksamkeit der täglichen Autosuggestionen wird meistens unterschätzt. „Das kann ich doch nicht; ich Tollpatsch; das ist wieder einmal typisch für mich; das ist nichts für mich; das liegt doch mir nicht; da komme ich doch nicht ran." Sie wirken wie eine kleine, aber zähe Selbsthypnose. Eine Umpolung in die positive Richtung kann Wunder wirken, wenn man jetzt zu sich selbst sagen lernt: „Ab jetzt versuche ich es einmal; ich probiere es einfach; es wird mir schon gelingen; dann eben im zweiten Anlauf; warum soll ich es nicht können, wenn es andere auch können . . ." Die Kunst besteht ja darin, diese weisen und wirkungsvollen Strategien auch in die Tat umzusetzen:

Ich vermittelte Frau Magda S. diese dreiteilige Veränderungsstrategie mit dem Vergleich zur Sanierung einer Pflanze – sie liebte Zimmerpflanzen über alles. Was machen wir, wenn zum Beispiel die Zimmerpalme welke Blätter bekommt? Wir kümmern uns um neue Erde und eventuell um einen größeren Topf, damit die Pflanze von den *Wurzeln* her gut versorgt ist. Weiter werden wir ihr *bessere Lebensbedingungen* schaffen, also stärker darauf achten, wieviel Licht und wieviel Wasser speziell diese Pflanze braucht; und schließlich werden wir sie ab jetzt *besonders liebevoll behandeln* und ihr mehr positive Zuwendung widmen.

Frau Magda S. entschloß sich, von ihren Ersparnissen, die sie eigentlich ohne rechten Sinn und Notwendigkeit aufgebaut hatte, etwas in die Renovierung ihrer Lebenssituation zu investieren. Sie besuchte regelmäßig unsere psychologischen Persönlichkeits-Seminare, kaufte sich eine komplette neue Garderobe, ging zum Friseur, und vor allem: Sie lud Bekannte nach Hause zum Essen ein. Nachdem sie einige Gegeneinladungen wahrgenommen hatte, kam es bald zum „Du“ mit den Menschen, die sie einst im Betrieb, in der Gruppe oder in Kursen kennengelernt hatte. Nachdem sie sich so einen Freundeskreis aufgebaut hatte, machte sie sich daran, alte Freundschaften wieder zu beleben, und sie begann, ein paar Briefe zu schreiben.

Die Adressen hatte sie eigentlich bereits damals in ihrem Adreßbuch in der Handtasche mit sich herumgetragen, als sie mich in meinem Institut zur Beratung aufgesucht hatte ...

„Suche Mann/Frau mit Selbstvertrauen ...“

Wie bekommt man Selbstvertrauen? Ich habe Ihnen die besten fünf Strategien zusammengestellt:

1. *Richten Sie Ihren Blick auf Ihre Stärken* statt auf Ihre Schwächen. Gerade „typisch deutsche“ Menschen neigen gerne dazu, Ihre Schwächen um jeden Preis zu kaschieren. Im beruflichen Bereich ist das gelegentlich sicher die beste Strategie. Aber im Privatleben? Da klingelt es unverhofft, und die Reaktion ist ein Zusammenzucken: „Um Gottes Willen, bei uns ist nicht aufgeräumt!“ (Hoffentlich, so meine ich, ist nicht aufgeräumt, wenn man in dieser Wohnung *lebt*!) Dieses vermeintliche Fehlverhalten, nicht aufgeräumt zu haben, wirkt bei einer normal neurotischen Person so, daß sie meint, jetzt würde sie als Schlampe, als Versager gesehen. Die schwache Seite, die Schwachstelle wird noch generalisiert:

Hier stoßen wir auf ein Thema, bei dem wir etwas von unseren amerikanischen Freunden lernen können. Denn im Gegensatz zum Deutschen, der sehr autoritätsgläubig mit Merksätzen wie: „Eigenlob stinkt. Die Ersten werden die Letzten sein“ und ähnlichem erzogen wurde, kann der Amerikaner sagen:
„Das kann ich gut. Da bin ich stark. Das beherrsche ich. Das macht mir keiner nach.“ Das ist nicht als Angabe oder Aufschneiderei, sondern als Aussage gemeint. Folglich kann der Amerikaner sagen: „Im Golf bin ich ein Trottel, aber in unserem Tennis-Verein fege ich jeden vom Platz.“ Durch diese positive Akzeptanz seiner Stärken kann er sich auch zu seinen Schwächen bekennen.

Also achten Sie bei Ihrer persönlichen Stärken-Schwächen-Analyse vor allem auf Ihre Stärken. Und schielen Sie dabei bitte nicht auf andere Menschen in Ihrer Umgebung, um sich mit denen zu vergleichen.
Es geht um Sie, nur um Sie. Wenn überhaupt, dann vergleichen Sie sich damit, wie Sie früher waren oder wie Sie in Zukunft sein wollen.

2. Reduzieren Sie Ihre Aktivitäten auf das, *was Sie gut können,* und bauen Sie diesen Bereich aus, indem Sie Ihre Fähigkeiten vertiefen. Für jeden Menschen gibt es ein „Plätzchen auf der Welt", wo er hingehört, wo er gut ist. Einen Bereich also, in dem er seine Talente optimal entfalten kann, bereichernd für die Welt und erfüllend für sich selbst wirken kann; wo er Spaß an seiner Tätigkeit hat, weil sein Engagement durch Erfolg gekrönt wird. Wo er gerne seine ganze Energie einsetzt, weil die Tätigkeit ihm so sehr liegt, daß sie ihm Spaß macht.

3. *Visualisieren:* Setzen Sie sich hohe Ziele, die gerade noch realistisch sind. Wie beim Drachensteigen: Der Drachen fliegt, von der Kraft des Windes getragen, der Naturgewalt ausgeliefert, flattert er hoch oben in der Luft und hat den besten Überblick. Sie aber haben ihn an der Leine und bestimmen die Dauer des Fluges, die Höhe, in Kooperation mit den Windverhältnissen. Sie steuern das Ganze. Ähnlich sollten Sie Ihre Tagträume handhaben, Sie an die lange Leine legen und ihnen Spielraum lassen, aber dennoch steuern. Je konkreter Sie die Vision, wo Sie hinwollen, vor Augen haben, um so mehr bekommt sie magnetische Anziehungskraft.

4. *Als ob:* Fühlen Sie sich in sich hinein, wie das ist, wenn Sie bereits einen Schritt weiter sind. Die klassische psychotherapeutische Technik dazu heißt: formelhafte Vorsatzbildung – FVB. Sie fassen also Ihre Beschreibung des Zustandes, den Sie etwa in einem halben Jahr erreicht haben wollen, in einer Formel zusammen. Dazu müssen Sie unbedingt folgende drei Bedingungen erfüllen:

- immer positiv formulieren (kein „Nein“, kein „Nicht“),
- kurz und prägnant formulieren,
- im Präsens formulieren, also nicht „ich werde“, sondern „ich bin“.

  Und nun zum letzten, vielleicht dem wichtigsten Punkt:

5. *Kontakte:* „Kann ich alles selber.“ „Kann ich allein, ich bin schon groß.“ Das sind Sätze, die man als Pubertierender und als Dreijähriger braucht, um den Erwachsenen zu sagen, daß man eine Stufe weiter ist, als die Erwachsenen vermuten. Jetzt aber, da Sie objektiv erwachsen sind, brauchen Sie das niemandem mehr zu beweisen – außer sich selbst. Und zum Erwachsensein gehört die Fähigkeit, seine extravertierte Seite zu entfalten und Kontakte zu pflegen, Freundschaften zu vertiefen. Also, fangen Sie an!

Freundschaften

So oft empfehle ich vor allem, die *Kunst der Freundschaft* zu erlernen und einen eigenen Freundeskreis zu bilden – und auch zu pflegen. Als Antwort auf meinen Vorschlag höre ich gar nicht so selten: „Ja, wie kann man denn am besten neue Leute kennenlernen?“ Bei genauerem Nachfragen stelle ich dann fest, daß beinahe immer Bekannte und entfernte oder alte (veraltete?) Freunde vorhanden sind. Es ist oft gar nicht nötig, neue Kontakte zu schaffen, sondern die Aufgabe heißt:

- Reaktivieren Sie alte, eingeschlafene oder vergessene Freundschaften.
- Gewinnen Sie neue Freunde aus dem Kreis Ihrer Bekannten.
- Beleben Sie bestehende Freundschaften mit neuer Vitalität.

Folgende fünf Strategien haben sich dabei bewährt:

1. *Nehmen Sie sich Zeit für Ihre Freunde:* Ich gehe davon aus, daß Sie wahrscheinlich in dem Bewußtsein leben, zuwenig Zeit für sich zu haben. Hier können Sie zwei Ziele mit einer Entscheidung erreichen: Nehmen Sie sich *gemeinsam* mit einem Freund oder einer Freundin Zeit, etwas zu tun, was Sie eigentlich immer schon tun wollten: Unter der Woche Tennis spielen, ein Theater oder Kino besuchen oder am Wochenende in den Zoo gehen. Sind Freunde wirklich so wichtig?

Ja! Also nutzen Sie die Zeit, in der Sie sowieso nicht produktiv sind wie vielleicht beim Mittag- oder Abendessen oder beim Frühstück am Wochenende nun dazu, einen Freund einzuladen, gemeinsam mit ihm zu tafeln. Es liegt eigentlich nur an Ihrer Disziplin, es auch tatsächlich zu tun.

2. *Getrauen Sie sich zu vertrauen:*

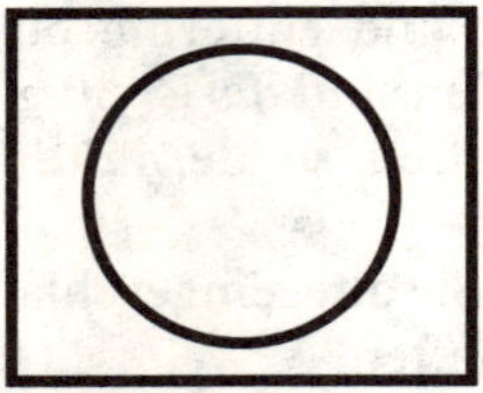

Diese einfache Graphik soll Ihnen versinnbildlichen, daß ich Ihnen empfehle, nach außen Ecken und Kanten zu zeigen, nach innen aber weich zu sein. Nach außen, das ist die Gesellschaft, der Staat, die Wirtschaft und der Kapitalismus, das Geschäftsleben und Ihre öffentlichen Auftritte; nach innen, damit meine ich Ihre Familie, Ihre Partnerschaft, Ihren Freundeskreis. Je mehr Sie bei Ihren Freunden Vertrauen und Offenheit einbringen, um so mehr können Sie sich abholen. Wie bei einer Quelle: Sie können mehr schöpfen, wenn Sie statt mit der Faust zu schöpfen, eben die Hand aufmachen und zum Gefäß weiten.

3. *Kleine Geschenke erhalten die Freundschaft:* Dieser alte Spruch gilt heute noch. Wenn Sie fragen „Wie geht es?“ und Sie hören „Na ja . . .“, dann sollte es eigentlich bereits bei Ihnen klingeln. Sie müssen

nicht gleich ausführlich nachhaken und Psychologe oder Krankenschwester spielen. Vielmehr sollten Sie erkennen, daß Ihr Gegenüber sich im Augenblick im Defizit befindet. Jetzt würde er jede auch noch so kleine Geste der Zuneigung aufsaugen wie ein Verdurstender einen nassen Schwamm. Schenken Sie ihm eine Kleinigkeit, ein Mon Chéri, eine Blume, ein aufbauendes Taschenbuch oder eine Zeichnung per Telefax. Sie werden sehen: Sie können mit wenig Aufwand viel Glück erzeugen.

4. *Let's agree to disagree:* „Laß uns darin übereinstimmen, daß wir hier verschiedener Ansicht sind" – ein weiser Diplomatenspruch! Ihr Freund muß nicht dieselbe Partei wählen wie Sie, denselben Autotyp wie Sie bevorzugen ... Gerade im Geschmack der Partnerwahl bedeutet es einen enormen Vorteil, nicht denselben Idealtyp zu haben: Man kommt sich so nicht ins Gehege. Also ruhig als natürlich akzeptieren, daß es Bereiche gibt, wo man einander nun überhaupt nicht versteht, einfach nicht nachvollziehen kann, daß der andere derart denkt, fühlt, entscheidet ... Es geht um die wichtigeren Gemeinsamkeiten, die verbinden.

5. *Lachen:* Gemeinsam über dasselbe lachen zu können, ist wohl eine der besten Lebensenergiequellen, die ich kenne. Wenn Ihren Freunden einmal nicht zum Lachen zumute ist, vielleicht gelingt es Ihnen, Sie wieder aufzuheitern. Und umgekehrt sollten Sie sich nicht scheuen, sich erheitern zu lassen, wenn es Ihnen nicht so gut geht. Lachen ist nicht nur ein kostenloses Anti-Depressivum, sondern auch ein stets verfügbares Mittel zur Psychohygiene. Aber:

Ich kenne eine Reihe depressiver Neurotiker (bitte richtig verstehen: Dies sind heilbare Übergangsphänomene, die beinahe jeder Mensch erleben kann, keine Typisierung), die tagelang verzweifelt grübelnd einsam vor sich hinleiden und sich erst nach Überwindung Ihres Tiefs trauen, wieder Kontakt mit ihren Freunden aufzunehmen.
Entweder Sie verlernen diese Haltung via Psychotherapie oder Sie werden nicht alt. Denn Sie sind nicht auf der Welt, um immer Ihr Sonnenscheingesicht zu zeigen, sondern um zu leben, zu arbeiten und zu genießen und natürlich um gemeinsam zu lachen. Und wenn das alles vorübergehend, aus irgendwelchen Gründen auch immer, einfach nicht geht: Dann ist es richtig, sich helfen zu lassen. Am besten von Ihren Freunden. Dazu sind sie schließlich da.

Die Bedürfnis-Pyramide von Abraham Maslow

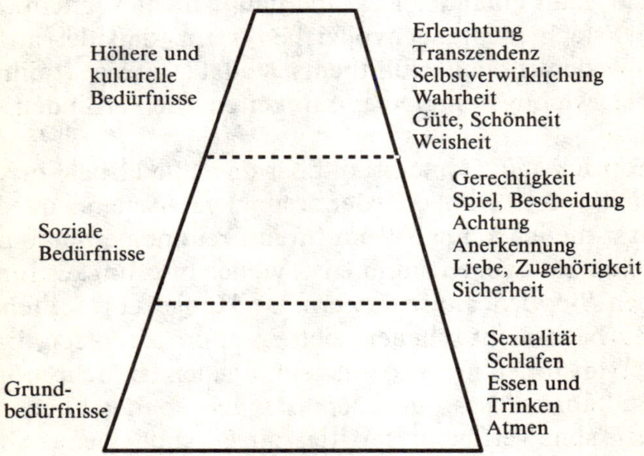

Wie findet man zur Selbstverwirklichung?

> Wenn Sie eines Tages auf dem Totenbett liegen, werden Sie wahrscheinlich nicht gefragt werden: „Warum waren Sie nicht Nobelpreisträger." Oder: „Warum haben Sie keinen Oscar bekommen." Nein, die Frage wird lauten: „Warum warst du nicht du selbst?"

Ein Mensch ist um so glücklicher, je mehr er seine Bedürfnisse in befriedigender Weise erfüllen konnte. Doch wie soll er zu einer Erfüllung gelangen, wenn er seine Bedürfnisse gar nicht kennt?

Der erste Schritt auf dem Weg zu einem glücklichen Leben, zu einem Leben, in dem die eigenen Bedürfnisse erfüllt werden, liegt darin, erst einmal die eigenen Bedürfnisse zu erkennen.

Es war der amerikanische Psychologe Abraham Maslow, der sich nicht länger damit zufrieden gab, daß die psychologischen Theorien vom Menschen aus der Erforschung kranker, neurotischer oder psychotischer Menschen abgeleitet waren. Nicht nur Sigmund Freud, sondern auch Hamilton, Hobbes, Schopenhauer und Jaspers entwickelten ihr Menschenbild aus der Beschäftigung mit Kranken. Dabei wurden die positiven Aspekte menschlichen Verhaltens wie Freude, Zufriedenheit, Wohlbefinden, Freundschaft, Begeisterung oder Glück von der Wissenschaft ignoriert. Sollte man sich damit zufriedengeben, es einfach hinnehmen?

Ein Pionier, dem die Psychologie des Glücks viel verdankt, Maslow, suchte nach der *positiven Psychologie:*

„Es wird immer klarer, daß die Erforschung der defekten, verkümmerten und unreifen und ungesunden Beispiele nur eine Defekt-Psychologie und -Philosophie ergeben kann. Die Grundlage einer universellen Wissenschaft der Psychologie muß die Untersuchung selbstverwirklichender Menschen sein.

Freud lieferte uns die kranke Hälfte der Psychologie, und wir müssen sie jetzt durch die gesunde ergänzen.“[1]

Damit hatte Maslow eine sehr wichtige Beobachtung gemacht. Wo bleibt die positive Wissenschaft? Wo wird das gesunde und normale, das glückliche und vorbildhafte Leben erforscht?

Die Zeit ist reif für eine positive Psychologie

Die Mediziner lernen den menschlichen Körper an Leichen kennen. Die Psychologen beschäftigen sich vor allem mit seelisch und geistig Kranken. Die Juristen kategorisieren die Kriminellen je nach Art und Schwere ihrer Verfehlungen, und so weiter. So wie an Straßenkreuzungen erst dann eine Ampel montiert wird, wenn genügend Verkehrsteilnehmer dort zu Tode kamen, orientiert sich auch die Wissenschaft an den Abweichungen vom Normalen. „Management by exception“ nennt man dieses Vorgehen: erst dann eingreifen, wenn es nach dem alten Muster nicht mehr läuft. Das Risiko dabei ist, daß es dann bereits zu spät sein kann. Bezo-

---

[1] aus: Abraham Maslow, Motivation und Persönlichkeit, Walter, Olten 1977

gen auf ein Menschenleben kann jemand bereits zu alt sein, bis er erkennt, wie ein gesundes und glückliches Leben zu führen ist.

Abraham Maslow, den viele als den Vater der dritten Richtung der Psychotherapie ansehen, gilt als der Begründer der humanistischen Psychologie. Diese sogenannte Dritte Kraft in der Psychotherapie strebt im Gegensatz zur Tiefenpsychologie und zur Verhaltenstherapie die sinnliche Selbsterfahrung im Hier und Jetzt an. Therapieziel für Kranke oder Entwicklungsziel für Gesunde ist stets die Selbstverwirklichung.

Was ist eigentlich gemeint mit diesem ominösen Wort *Selbstverwirklichung?*

Maslow definiert sie als „die volle Anwendung und Nutzung der Talente, Kapazitäten und Fähigkeiten. Solche Menschen scheinen sich selbst zu erfüllen und das Bestmögliche zu tun, dessen sie fähig sind.“[1]

Bei seiner Erforschung von gesunden, erfolgreichen und glücklichen Menschen, die ihm als Orientierung für seine Persönlichkeitstheorie dienen sollten, stieß er auf eine hierarchische Ordnung der menschlichen Bedürfnisse: Erst wenn die körperlichen Grundbedürfnisse durch Luft, Wasser, Nahrung, Unterkunft, Schlaf und Sexualität gestillt sind, strebt der Mensch nach Sicherheit; hat er diese erreicht, dann geht es ihm um die Liebe und Zugehörigkeit. Auf der nächsthöheren Stufe steht das Bedürfnis nach Selbstachtung und Achtung anderer. Ab hier beginnen Werte wie Gerechtigkeit, Individualität, Selbstgenügsamkeit oder Güte wichtig zu werden. Das ist noch nicht alles:

---

[1] aus: Abraham Maslow, Motivation und Persönlichkeit, Walter, Olten 1977

Der Psychotherapeut: Geburtshelfer des glücklichen Lebens?

Es gibt auch neurotische Bedürfnisse. Die Psychotherapie oder die Psychologie hat die Aufgabe, dem Menschen zu helfen, Einsichten über sich selbst zu gewinnen, seine grundlegenden instinktoiden Grundbedürfnisse zu stärken und die neurotischen Bedürfnisse aufzudecken, abzuschwächen und zu beseitigen.

Und was verändert sich durch die Psychotherapie? „Der Charakter (oder die Persönlichkeit) ändert sich sowohl oberflächlich wie auch in der Tiefe. Es gibt sogar einiges Beweismaterial dafür, daß sich das Aussehen ändert, die psychische Gesundheit bessert. In einigen Fällen steigt sogar der IQ.“[1]

Wer seelisch reich ist, der kann auch geben

Der gesunde und selbstverwirklichende Mensch erlebt Glück dann, wenn er anderen etwas geben kann. Insofern kann man auch Selbstlosigkeit als eine Form von indirektem Egoismus bezeichnen. Positiv formuliert heißt das, daß altruistisches Verhalten, also selbstloses, dem Wohl des anderen dienendes Verhalten letztlich glücklicher macht als das direkte Anstreben des eigenen Glücks.

Ihr Glück empfinden Sie, solange Sie am Leben sind. Wenn Sie gestorben sind, werden andere Themen wich-

---

[1] aus: Abraham Maslow, Motivation und Persönlichkeit, Walter, Olten 1977

tig sein. Wissen wir es? Nein. Aber wir wissen, daß Sie, solange Sie Ihr Leben aktiv gestalten können, die Wahlfreiheit besitzen, in Ihrem Bewußtsein und Ihrem Verhalten dafür zu sorgen, daß das Glück seine Chance bekommt. Solange Sie leben, haben Sie Zeit. – Zeit für die Liebe, zum Reden, zum Lachen, für Freunde, für Hobbies, für Engagement, für die Umwelt oder für die Kunst oder für Ihren Garten. Und was tun Sie? *Lassen* Sie sich die Zeit *„rauben"* durch das Fernsehen? *Schlagen* Sie die Zeit *tot* durch Grübeln? *Vertreiben* Sie die Zeit durch Puzzles? *Vermiesen* Sie sich die Zeit durch Ärger?

Aber: Sie sind um so seltener *„sauer"*, je häufiger Sie sich Ihr Leben durch Glücksmomente *versüßen!*

Ich bitte Sie, denken Sie an meine Worte: *Das Leben will geliebt werden – die Liebe will gelebt werden.*

Zärtlichkeit, Erotik, Sexualität wollen gelebt werden! Taten sind die Bausteine zum Glück! Nutzen Sie Ihre Energie-Quellen – solange Sie am Leben sind – zum Glück!

Alltags-Regeln des Glücks

1. Beschließen Sie, sich *nicht mehr zu ärgern.* Das kann man lernen.[1]

2. Bringen Sie *Farbe* in Ihr Leben. Mit einem Bild, Blumen, einem Poster oder farbiger neuer Kleidung. Farben machen froh. Noch wichtiger:

---

[1] vgl. auch: Stephan Lermer, Liebe und Angst, Moderne Verlagsgesellschaft, München 1991, S. 193 ff.

3. Sammeln Sie *positive Menschen* um sich. Achten Sie ab heute bewußt darauf, wie Sie sich nach dem Kontakt mit einem bestimmten Menschen fühlen. Wenn Sie sich eher schlecht fühlen: Reduzieren Sie diesen Kontakt. Wenn Sie sich besser als vorher fühlen: Sehen Sie sich häufiger!

4. Gönnen Sie sich auch sonst mehr positive als negative Einflüsse. *Belohnen Sie sich*, wenn Sie eine streßreiche Autofahrt mit Stau und Nebel ertragen mußten, hinterher mit einem entspannenden Bad, einem guten Essen oder ähnlichem.

5. *Loben Sie sich* selbst, wenn es gerade niemand anders tut.

6. Starten Sie den Tag mit einer positiven Formel. Wiederholen Sie sich auch tagsüber immer wieder *positive Autosuggestions-Formeln.*

7. Gewöhnen Sie sich an, *stets gut gelaunt* zu sein.

Glück ist tatsächlich reine Gewohnheitssache. Gute „Gewohnheiten" ermöglichen, daß Sie Ihrem Selbst einen guten Körper mit erfüllenden Verhaltensweisen als „Wohnung" anbieten.

Allerdings müssen Sie mit den neuen Gewohnheiten eines Tages tatsächlich beginnen. Also, wie wäre es mit heute? Sie werden sehen, daß Ihnen dann auch das Lächeln sofort leichter fällt.

Sobald Sie die Welt aus einem anderen Blickwinkel sehen, haben Sie sich eine andere Welt geschaffen. Nach der Lektüre dieses Buches wahrscheinlich eine positivere. Und in dieser neuen Welt werden Sie auch anders gesehen und behandelt – natürlich auch positiver. So haben Sie verursacht, daß Ihr Leben schöner ist. Sie selbst sind es, der mehr Glück in Ihr Leben bringt. In Erweiterung der „Selbstverwirklichung" von Abraham Maslow ziele ich in meinen Seminaren auf die *„Selbstbegeisterung":* Jeder soll in seinem Leben so weit kommen, daß er das göttliche Geschenk, leben zu dürfen, als Herausforderung ansieht, sich für seine Talente und Möglichkeiten, für die Entfaltung seines „wahren Selbst" zu begeistern. Dies ist übrigens die beste Formel, um den grassierenden Depressionen vorzubeugen und seinen Lebenserfolg zu optimieren.

Ich will einfach, daß Sie glücklich sind! Und, wie sieht *Ihr Glück* aus?

Jeder sieht „sein Glück“ anders

Albert Schweitzer sagte: „Ich will unter keinen Umständen ein Allerweltsmensch sein. Ich habe ein Recht darauf, aus dem Rahmen zu fallen – wenn ich es kann. Ich wünsche mir Chancen, nicht Sicherheiten. Ich will kein ausgehaltener Bürger sein, gedemütigt und abgestumpft, weil der Staat für mich sorgt. Ich will dem Risiko begegnen, mich nach etwas sehnen und es verwirklichen, Schiffbruch erleiden und Erfolg haben. Ich lehne es ab, mir den eigenen Antrieb mit einem Trinkgeld abkaufen zu lassen. Lieber will ich den Schwierigkeiten des Lebens entgegentreten als ein gesichertes Dasein führen; lieber die gespannte Erregung des eigenen Erfolgs als die dumpfe Ruhe Utopiens. Ich will weder meine Freiheit gegen Wohltaten hergeben, noch meine Menschenwürde gegen milde Gaben. Ich habe gelernt, selbst für mich zu denken und zu handeln, der Welt gerade ins Gesicht zu sehen und zu bekennen, dies ist mein Werk. Das alles ist gemeint, wenn wir sagen: Ich bin ein freier Mensch."[1]

Oder, wie die Ambacher Hexe Luisia Francia heute sagt: „Aus der Rolle fallen – um aus der Falle zu rollen." Also:

- Erkennen Sie sich selbst!
- Reisen Sie zu den verborgenen Seiten Ihres Ichs!
- Entdecken Sie Ihr wahres Selbst!
- Pflegen Sie die Schönheit, die von innen kommt!
- Bleiben Sie jung durch engagierte Lebensfreude!
- Trainieren Sie Ihre Intelligenz durch Herausforderungen! Nutzen Sie Ihre Chance zum Glück:

---

[1] nach: Hermann Meyer, Gesetze des Schicksals, Sphinx Medien Verlag, Basel 1987, S. 227

So machen Sie den heutigen Tag zu einem *glücklichen* Tag

Gleich, wenn Sie wach werden, sagen Sie dem Sonnenstrahl oder dem Menschen, der Sie geweckt hat, erst einmal lächelnd: *„Danke!“*

Seien Sie dankbar dafür, wieder einmal aufgewacht zu sein, leben zu dürfen. Und jetzt vollziehen Sie Ihre allmorgendlichen Verrichtungen ab heute mit der starken, hoffnungsgeladenen Gewißheit, daß Sie sich diesen heutigen Tag *zu Ihrem Tag machen* werden. Sie erinnern sich daran, daß entweder die Welt mit Ihnen macht, was sie will, oder aber *Sie machen mit der Welt,* was Sie wollen. Wenn Sie mehr *agieren* als reagieren, werden Sie am Abend bilanzieren können, daß Sie nicht Opfer, sondern *Täter* sind, wenn es um Ihre *selbstverantwortliche Lebensführung* geht. Und worum geht es sonst? Nehmen Sie sich vor, bei all den kleinen und großen *Entscheidungen,* aus denen sich der Alltag beim Sprechen und Handeln zusammensetzt, *voll dahinterstehen* zu können.

Wenn das *Ziel,* das Sie im Leben verfolgen, sich mit dem Ziel deckt, das Sie zur *Erfüllung Ihres Lebensauftrags* verfolgen sollen, dann werden Sie ganz einfach *erfolgreich sein.*

Dann werden Sie auch die für Ihre Zielerreichungen notwendige Disziplin mühelos aufbringen!

Glück ist machbar

In diesem Zusammenhang möchte ich Sie an den Unterschied zwischen konstruktiver und destruktiver Aggressionsenergie erinnern.

Jeder Mensch besitzt neutrale Aggressions-Energie, die er im günstigen Fall konstruktiv entladen kann: „Macht euch die Erde untertan", heißt der alttestamentarische Auftrag. Durchsetzungsfähigkeit und Kampfgeist sind Formen der konstruktiven Aggression, mit denen sich der Mensch sein Überleben sichert. Wird er dabei konsequent frustriert oder gehemmt, so kann die konstruktive Form in die destruktive umschlagen. Ein Beispiel: Ein Mensch möchte seine Bedürfnisse nach Nahrung und Unterkunft erfüllen. Er wird versuchen, eine Arbeit zu finden, um das nötige Geld zu verdienen, womit er sich Essen kaufen und eine Wohnung mieten kann. Wird er dabei konstant behindert oder sieht er keine Möglichkeit, auf legalem, konstruktivem Wege vorwärtszukommen, dann wird seine Energie, sein Aggressionspotential auf die destruktive Seite umschlagen. In Regionen mit extrem hoher Arbeitslosenquote läßt sich dieser Umschlag von konstruktiver in destruktive Aggression – sprich: in Kriminalität – direkt beobachten. Aggression wird zu Aggressivität.

„Unser Leben ist nicht das der Brüderlichkeit, des Glücks und der Zufriedenheit, sondern es gleicht einem geistigen Chaos und der Verworrenheit, die einem Zustand des Verrücktseins gefährlich nahekommt ... bei der der Kontakt mit der inneren Realität verlorengegangen ist und bei der das Denken vom Gefühl abgespalten ist ... Die Kinder lernen in der Schule, daß Ehrlichkeit, Lauterkeit und die Sorge um das Seelenheil die leitenden Prinzipien des Lebens sein sollten, während das „Leben lehrt", daß die Befolgung dieser Grundsätze uns bestenfalls zu weltfremden Träumern macht." [1]

Alternativ: Wirklich ein besserer Weg oder nur alter-naiv?

Hier beschreibt Erich Fromm eine der vielfältigen Ursachen für die Entwicklung der jugendlichen Alternativkultur, in der häufig merklich weniger destruktive Aggressivität und Konkurrenzdruck herrschen, die dafür mehr durch Kooperation, Gemeinsinn und Menschlichkeit gekennzeichnet, oft aber auch nicht mehr als unrealistisch-naive Träumerei ist . . .

Wonach sehnen sich die Menschen? Fromm glaubt, es erkannt zu haben:

„Sie sehnen sich nach Glücksgefühl, nach Wahrheit, nach Gerechtigkeit, nach Liebe, nach einem Objekt der Hingabe."

Wie definiert nun der Psychologe Professor Hans Strotzka das Glück?

„Ich glaube, daß Glück definiert werden kann als ein Zustand einer weitgehenden Motivationsbefriedigung, zumindest der für das Individuum relevanten Motivationen. Der Mensch wird vermutlich dann glücklich sein, wenn seine wichtigen und dringenden Bedürfnisse ausreichend befriedigt werden. Und man weiß ja aus allgemeiner psychologischer Erfahrung, daß die Momente des Glücks äußerst verschiedenartig sind. Ver-

[1] aus: Erich Fromm, Psychoanalyse und Religion, Stuttgart (Deutsche Verlags-Anstalt) 1983, S. 9f.

mutlich ist die wichtigste Glückssituation, die relativ reinste, der Orgasmus. Wenn alle anderen Motivationen zurücktreten und eine starke Motivation befriedigt wird. Wobei vermutlich der Zeitfaktor auch eine Rolle spielt. Daß die glückhaften Momente die sind, in denen eine solche wichtige Motivationsbefriedigung relativ schnell und intensiv erfolgt."

Zwölf Einstellungen, von denen Sie sich lösen werden

1. Das Leben muß gerecht sein.
2. Das steht mir zu.
3. Wenn ich ihm/ihr ..., dann muß auch sie/er mir ...
4. Früher war es schöner.
5. Erst dann, wenn ...
6. Dafür bringe ich das Opfer ...
7. Entweder, oder ...
8. Das steht mir nicht zu.
9. Die/der soll/sollen auf mich zukommen.
10. Dafür bin ich nicht verantwortlich.
11. Wenn ich einmal groß bin ...
12. Wenn ich einmal genug Geld habe ...

Jetzt haben Sie in Ihrem Gehirn Platz für:

Zwölf Einstellungen, die Sie entwickeln werden

1. Es gibt kein zweites Mal.
2. Es gibt für die Wahrnehmung nur die Gegenwart.
3. Ich mag mich.
4. Ich bin für mich verantwortlich.
5. Ich bin stets die Ursache.
6. Ich werde so behandelt, wie ich unbewußt behandelt werden möchte.
7. Ich bin so glücklich, wie ich unbewußt beschlossen habe, glücklich zu sein.
8. Ich kann mich mehr verändern, als ich je geglaubt habe.
9. Es passiert viel weniger Negatives, wenn ich mich verändere, als ich befürchtet habe.
10. Ich habe Zeit.
11. Es ist schön, zu geben.
12. Ich bin wertvoll.

Das Glück, das aus dem Chaos kommt

Gleich vorweg: Sie mögen zur Erreichung Ihrer Lebensziele dahingehend erzogen worden sein, pünktlich, korrekt und diszipliniert zu sein. Das ist alles richtig. Nur, um das Glück zu locken, braucht man mehr.

Das Glück wird dann zu Ihnen kommen, wenn Sie fähig sind, kreativ, spontan und spielerisch zu sein. Diese Aussage läßt sich auch durch die neue Chaosforschung untermauern. Die Chaosforschung selbst ist seit Jahren das Thema Nummer eins der Physik, der exaktesten Wissenschaft. Langsam dringen die Erkenntnisse der Chaosforschung auch in die Medizin und Psychologie ein, erobern allmählich alle Wissenschaften. Warum?

Nun, es spricht vieles dafür, daß Ordnung, die gerade wir Menschen so ersehnen und als Hort der Sicherheit glorifizieren, nur einen Ausnahme-Zustand in unserem Universum darstellt. Kaum ist sie erreicht, so zerfällt sie schon wieder.

Denken Sie an die Harmonie am familiären Eßtisch – kaum ist sie da, ist sie schon wieder fort. (Vorausgesetzt, man schweigt nicht alles tot.)

Oder denken Sie an einen Menschen, der all das erreicht hat, was viele als Ziel in ihrem Leben ansehen: perfekt sein, vollkommen sein. Dieser Mensch wäre ja fertig. Und fertig, das heißt kaputt. Vollständigkeit ja, Vollkommenheit nein!

Also gut, worum geht es letztlich? Wo liegt der Sinn? Was will das Leben von Ihnen?

Das Leben will Spannung, will offensichtlich auch Chaos. Vielleicht ist das Glück vergleichbar mit dem „Auge des Taifuns", dem ruhigen Pol nach der Turbulenz des Hineinkommens, vor der Turbulenz des Herauskommens.

Also lassen Sie bitte ab heute mehr Chaos in ihrem Leben zu! Öffnen Sie sich dem natürlichen Chaos.

Wenn Sie die nachfolgenden Voraussetzungen nicht erfüllen, rate ich davon ab, die nächsten Seiten in die Tat umzusetzen. Denn Sie könnten zum Opfer des Chaos werden. Dies wird nicht passieren, wenn Sie diese beiden Bedingungen erfüllen:

Inhalt: Reicht Ihre Persönlichkeitsstärke aus, um sich wieder zu fangen? Man kennt das von Kindern, die gerne überdrehen und kein Maß und kein Ziel mehr kennen, wenn sie vor Freude in euphorische Lust verfallen.

Form: Legen Sie einen zeitlichen Rahmen fest, innerhalb dessen Sie neue Bereiche Ihrer Persönlichkeit wiederbeleben oder neu erproben wollen. Beginnen Sie zum Beispiel mit einer halben Stunde oder eineinhalb Stunden oder drei Stunden oder einem Wochenende, und steigern Sie so den zeitlichen Rahmen, in dem Sie loslassen wollen.

Und dann legen Sie los, sich zu üben in den drei Glücks-Lock-Mitteln: Kreativität, Spontaneität, Spielen.

Zur Kreativität: Wann haben Sie zuletzt mit Ihrem Partner/Ihrer Partnerin eine Collage gemacht? Lassen Sie einmal den Fernsehapparat einen Abend lang kalt, und machen Sie sich zum Beispiel zum Thema Urlaub

„bildhafte" Vorstellungen. Das einzige, was Sie schon vorher besorgt haben sollten, sind zwei Bogen hellblauer Karton (etwa DIN A 2, hellblau wegen des „himmlischen" Hintergrunds) und zwei Klebestifte, zwei Scheren haben Sie sicher schon zu Hause.

Und dann sehe ich Sie schon bei einem Glas Wein und passender Musik vertieft alte Zeitschriften zerschnippeln und jeweils das Urlaubsbild machen, das Sie erleben möchten.

Es macht Spaß, den Urlaub „vorzuerleben". Und Sie gewinnen dadurch die Chance, Glück im Urlaub zu erfahren. Denn so kommen Sie und Ihr Partner dem auf die Spur, was sich jeder von beiden insgeheim vom Urlaub erhofft. An diesem Punkt läßt sich überlegen, wie das gemeinsam zu erreichen ist.

Wann haben Sie übrigens zum letzten Mal ein paar Freunde oder zwei, drei befreundete Paare eingeladen und diese dann damit überrascht, daß Malutensilien daliegen? Die Freunde kommen zu Ihnen und stellen fest, daß neben dem Buffet, das übrigens ruhig bescheiden sein kann, auch Malfarben und Zeichenblöcke vorbereitet sind. Es wird folgendes passieren:

Ihre Freunde werden erst verunsichert reagieren, es läppisch finden oder sagen, sie könnten eigentlich gar nicht malen. Einer aber fängt dann doch irgendwann an. Dann ziehen die anderen schrittweise nach. Eine Weile später haben Sie eine vertiefte Runde, in der nur noch die Hintergrundmusik zu hören ist, so selbstvergessen ist jeder in seiner kreativen Arbeit.

Es wird ein gelungener Abend werden! Stolz zeigt jeder der Runde mit einem verschämten Lächeln und der Bemerkung, daß es nicht ganz geworden sei, wie man es sich eigentlich vorgestellt habe, sein Werk vor. Und hinterher fanden es alle toll. Warum?

Weil auch wer nicht malen kann, dennoch Formen und Farben auf ein Papier bringt. Und *da es keinen Zufall gibt,* ist jeder Pinselstrich ein eindeutiger persönlicher Ausdruck der eigenen unbewußten Persönlichkeit. Was wollen die Menschen am liebsten? Sich kennenlernen, von sich erzählen, sich zeigen und dafür Anerkennung finden. All das bietet das eben geschaffene Bild.

Seien Sie spontan: Sie kennen die Witze, in denen er sagt: „Du, wenn wir dann vom Kaufhaus zurückkommen, auf der Heimfahrt noch durch die Waschstraße fahren, dann könnten wir doch in der halben Stunde, bevor wir zur Einladung von Müllers gehen, also so von 19.45 Uhr bis 20.15, noch ein Schäferstündchen einlegen ..." Und sie, viel Geduld aufbringend, versucht ihm mit verständnisvollen Worten zu sagen, daß er da etwas Grundsätzliches nicht kapiert hat.

Glück braucht Spontaneität. Gute Gespräche finden in der Küche oder im Flur statt, selten auf der Couchgarnitur. Erotische Hochspannung lauert oft eher im Treppenhaus als im Ehebett. Eher unterwegs im Auto als geplant nach dem teuren Menü. Genauso ist es mit der Fahrt ins Blaue, dem spontanen Einfall, nachts schwimmen zu gehen, tanzen zu gehen oder Freunde zum spontanen Fest „heute abend" einzuladen.

Sie werden feststellen, daß mehr kommen können, als Sie es bei der kurzfristigen Einladungszeit vermuten würden. Spontan einem Kollegen oder Ihrer Sekretärin ein Buch schenken, einfach so – solche Überraschungen sind eine Glücksquelle für alle Beteiligten.

Spielen Sie: Wann haben Sie zuletzt Monopoly gespielt oder Trivial Pursuit oder Tischtennis? Spielen ist einer der besten Wege, ganz natürlich Aggressionen abzubauen, sich und die anderen ein bißchen besser kennenzulernen, sich im Austausch, im „Bargaining“, dem sozialen Verhandeln, zu üben. Spielen ist eine Möglichkeit, Diplomatie mit Strategie, Siegenwollen und Gemeinschaftsgefühl, Kommunikation und Konkurrenz bei Spannung und Humor zu erleben.

Aber spielen Sie nicht nur am Spieltisch. Machen Sie spontane Rollenspiele, so daß Sie und Ihr Partner oder in der Familie auch die Kinder und Erwachsenen einmal die Rollen vertauschen. Es gibt kaum eine bessere Art, mehr darüber zu erfahren, wie man selbst gesehen wird, welche Ihrer Eigenarten den anderen offenbar geläufig sind, Ihnen selbst jedoch neu.

Und wenn Sie erkannt haben, welche Schwächen Sie zu Stärken machen wollen, wo fangen Sie an? Sie achten auf das, was Sie denken oder sprechen:

Alles, was Sie denken oder sprechen hat Einfluß auf Sie ...

Beachten Sie einmal, wie um Sie herum gelebt wird. Normal ist noch lange nicht gesund; nur weil es viele tun, ist es noch lange nicht natürlich. Was beobachten Sie? Die Menschen

- nehmen sich, bezogen auf ihre vorhandene Zeit, zuviel vor. Die Folge: Streß.
- geben, bezogen auf ihr vorhandenes Geld, zuviel aus. Die Folge: Schulden.
- erwarten, bezogen auf ihr eigenes Verhalten, mehr Liebe von den anderen zu bekommen. Die Folge: Streit.

Sie wollen und sollen sich befreien aus dem Sog der Mittelmäßigkeit! Ein mentaler Weg zur Gegensteuerung ist die Reinigung Ihrer Sprache und Ihres Denkens: Es wird viel zu häufig übersehen, daß unser Selbstbewußtsein alles, was wir denken oder sprechen sehr sensibel registriert. Haben Sie eine riesige und sofort wirksame Chance zur Verbesserung Ihrer Lebens-Qualität.

Also in Zukunft sagen und denken Sie bitte:

statt:	*lieber:*
Problem	Chance
Streß	Spannung
Zwang	Verantwortung
Haß	Verzeihen
Gleichgültigkeit	Liebe
Langeweile	Engagement
Abwarten	Initiative
Sorge	Klärung
Grübeln	Vergeben
Müssen	Wollen
Schwierigkeiten	Herausforderung
Irgendwann mal	Jetzt
Irgend jemand	Ich
Eines Tages	Heute
Verdammt!	Danke!

Kann man Glück gewinnen oder erben?

Nein. Wer sein Glück aufs Spiel setzt, setzt sein Glück aufs Spiel. Der Glücksspieler und die Folgen: Er wird alles verlieren. Denn um es bequem zu haben, sind wir nicht auf der Welt. (Aber auch nicht, um in masochistischer Demut Asche aufs gestreßte Haupt zu streuen!) Also kann man Glück erben? Ich glaube nicht.

„Diejenigen, die durch eigenes Verdienst sich zu Fürsten aufschwingen, haben es schwer, die Herrschaft zu erwerben, aber leicht, sie zu behaupten." Aber: „Diejenigen, die allein durch Glück vom Privatmann zum Fürsten aufsteigen, gelangen zu dieser Würde mit geringer Mühe, aber bewahren sie schwer. Sie finden keinerlei Hindernisse auf ihrem Weg, weil sie im Fluge ans Ziel gelangen; aber die Schwierigkeiten beginnen, sobald sie es erreicht haben." (Macchiavelli, 1512)

Nein, erben ist auch kein Weg zum Glück. Was tun?

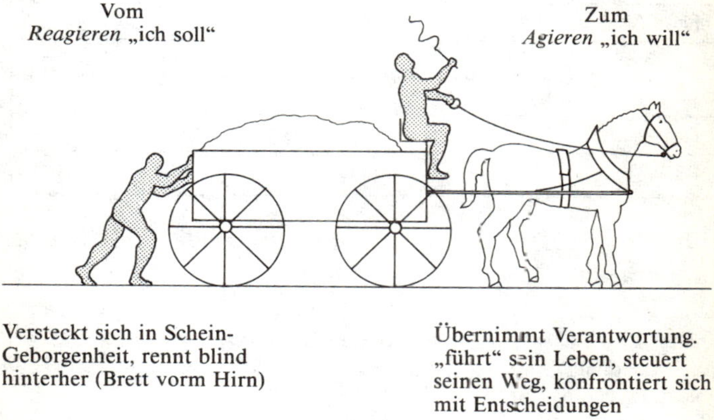

Emotions-Auslöser im Alltag[1]

Aktivität	Stimulationswert
Sexuelle Aktivität	6,68
Rendezvous	5,90
Sportbesuch	5,66
Partybesuch	5,66
Tanzabend	5,35
Freunde besuchen	5,29
Pornos schauen	4,81
Barbesuch	4,79
Kinobesuch	4,61
Konsum von Drogen	4,48
Telefongespräch mit Freund(in)	4,31
Musikhören	4,12
Musikmachen	3,90
Videokonsum	3,89
Fernsehen	3,84
Briefschreiben	3,75
Einkaufsbummel	3,61
Radfahren	3,61
Job	3,34
Kartenspielen	3,34
Lektüre	2,83

Für ein gutes Leben brauchen Sie Glück. Doch, was braucht das Glück?

---

[1] nach: R. J. Larsen: Theory and Measurement of Affect Intensity as an Individual Difference Characteristic
nach: Psychologie heute, 5/1988, S. 46

Glück braucht Kontrast

Nichts ist schwerer zu ertragen als eine Reihe von schönen Tagen.

(Goethe)

Jeder sehnt sich nach Glück. Doch immer nur Glück, wäre das nicht möglicherweise sogar langweilig?

Hat Goethe recht mit seiner oben zitierten Behauptung? Nun die Philosophen stimmen darin überein: Glück ist stets ein Kontrast-Erlebnis. Es wird erst wirksam in den Gegensatzpaaren Glück und Unglück, Freude und Schmerz.

Die praktische Brauchbarkeit der philosophischen Erkenntnis „Glück braucht Kontrast" wollte eine Gruppe von Sozialpsychologen der Universitäten Mannheim und Heidelberg in mehreren Experimenten überprüfen.

Als entscheidend dafür, wie sich ein negatives Ereignis auf den Menschen auswirkt, benutzten sie drei psychologische Dimensionen: räumliche, zeitliche und psychologische Distanz.

Räumliche Distanz: Nach dem Motto „Was ich nicht weiß, macht mich nicht heiß" stört es viele Menschen nicht, wenn Ihr Partner irgendwo auf Geschäftsreise mit einer Kollegin/einem Kollegen essen geht. Sieht man dagegen den eigenen Partner daheim zu einer anderen unbekannten Frau beziehungsweise einem anderen Mann ins Auto steigen, so reagieren viele verletzt oder eifersüchtig.

Psychologische Distanz: ein Automatismus?

Eine gewisse Distanz hat man auch gegenüber Schicksalsschlägen – selbst wenn sie in allernächster Nähe geschehen –, wenn man den Betroffenen nicht kennt.

Zeitliche Distanz: Auch negative Ereignisse des eigenen Lebens, wenn sie nur weit genug in der Vergangenheit liegen, vermitteln einem ein positiveres Bild der eigenen gegenwärtigen Situation.

Die Experimente wurden mit einer Gruppe von 52 Studentinnen als Testpersonen durchgeführt. Die beiden ersten Gruppen befaßten sich mit der Gegenwart; Gruppe eins sollte drei positive Ereignisse, Gruppe zwei drei negative Ereignisse beschreiben. Die beiden anderen Gruppen sollten sich auf länger vergangene Ereignisse konzentrieren – wieder eine Gruppe auf drei positive, die andere auf drei negative. Die meisten der genannten Ereignisse stammten aus den Bereichen Leistung und Beziehungen.

Den Abschluß dieses Tests bildete die Befragung nach dem gegenwärtigen Empfinden. Waren die Testpersonen in ihrem momentanen Leben glücklich? Waren sie zufrieden mit ihrem Leben?

Die Ergebnisse zeigten, daß sowohl die Kontrast-These wie auch die These von der Distanz zutraf. Diejenigen, die sich auf die Gegenwart konzentriert hatten, fühlten sich beim Gedanken an positive Ereignisse subjektiv glücklicher. Diejenigen, die ihre Gedanken in die Vergangenheit schweifen ließen, empfanden ihre gegenwärtige Situation als glücklicher, wenn die vergangenen Ereignisse negativ waren. Und man entdeckte noch etwas:

Noch ein zweites Experiment wurde durchgeführt. Denn auch die Art, wie man sich Ereignisse ins Gedächtnis ruft, hat eine Auswirkung auf das momentane

Glücksempfinden. Ein Teil der Versuchspersonen erinnerte sich mit der Frage *„Wie"* in bildhafter Weise an das Erlebte; der andere Teil wurde durch die Frage *„Warum"* in mehr abstrakte, logische Bahnen gelenkt. Die Ergebnisse zeigten, daß die Testpersonen, die sich an das *„Wie"* der Ereignisse erinnerten, glücklicher waren, wenn sie an *positive* Ereignisse dachten. Durch das Erinnern holten sie sich quasi das Glücksgefühl von damals in die Gegenwart.

Bei den Testpersonen, bei denen beim Erinnern das *„Warum"* im Vordergrund stand, trat ein Kontrasteffekt ein: Sie fühlten sich im Vergleich zu den *negativen* Ereignissen in der Vergangenheit jetzt glücklicher in der Gegenwart.

So läßt sich durch bewußte und gezielte Erinnerungen unser Glücklichsein in der Gegenwart beeinflussen. Sie kennen das:

Himmelhoch jauchzend, zu Tode betrübt

Jeder kennt das. Manche Menschen werden schon durch eine Kleinigkeit aus dem seelischen Gleichgewicht gebracht, andere bleiben offensichtlich auch bei schwerwiegenden Geschehnissen ganz gelassen. Dieser „Emotionsquotient" wirkt sich in verschiedener Weise auf den einzelnen aus.

Bereits die Antike trug mit der Einteilung der Menschen in Choleriker und Phlegmatiker dieser Tatsache Rechnung. Wilhelm Wundt, der Begründer der akademischen Psychologie, sah in der „Intensität der emotionalen Reaktion" das Hauptunterscheidungsmerkmal der einzelnen Menschentypen.

Heute hat man einen Fragebogen entwickelt, der sogenannte Affektive-Intensitäts-Maßstab (AIM), der etwa wie ein Intelligenztest eine Bestimmung des Emotions-Quotienten zuläßt.

Ein eindeutiges Ergebnis dieses Tests ist: Menschen, die sich negative Erlebnisse besonders zu Herzen nehmen, erleben auch die angenehmen Seiten des Lebens weitaus intensiver. Und ein altes Vorurteil bestätigt sich: Frauen haben im allgemeinen etwas höhere AIM-Werte.

Diese höhere Erlebnisfähigkeit im Bereich der Gefühle bringt jedoch auch ihre körperlichen Nachteile mit sich. Es ist wie immer.

Alles hat seinen Preis:

Menschen mit hohen AIM-Werten (Choleriker) sind anfälliger für psychosomatische Beschwerden wie Nervosität, Kopfschmerzen, Übelkeit, Herzbeschwerden, Erschöpfung und Atemnot. (Noch ein Nachteil besteht für den gefühlsbetonten Menschen: Er hat es schwerer, seine Gelüste auf Süßigkeiten und Kaffee zu bändigen.)

Doch Choleriker haben den Phlegmatikern (den nicht so stark empfindenden Menschen) etwas voraus: Sie können sich an kleinen, alltäglichen Dingen wie einem Kinobesuch oder einem Zusammensein mit Freunden stärker freuen. Sie sorgen deshalb auch dafür, daß entsprechende Erlebnisse häufiger eintreten. Sie nehmen derartige kleine Erlebnisse auch wichtiger als der Menschentypus mit den niedrigen AIM-Werten. Es zeigt sich bei den Versuchspersonen, daß die Bedeutung, die man selbst einem Ereignis beimißt, wichtig für das ist, was sich im Gefühlsbereich abspielt.

Menschen mit hohen AIM-Werten pflegen eine Vielzahl an Kontakten auf den unterschiedlichsten Ebenen. Sie bewegen sich nicht nur innerhalb einer eng begrenzten Gruppe. Auch ihre Zielsetzungen und Wertekataloge weisen eine ähnlich breite Streuung auf wie ihr Bekanntenkreis.

In Versuchen wurden Testpersonen mit extrem differierenden AIM-Werten jeweils einige Fotos von sehr angenehmen und von besonders gräßlichen Szenen vorgelegt. Die gefühlsintensiven Testpersonen konzentrierten sich auf die emotional stärksten Details, ob grausam oder wunderschön. Die gefühlsärmeren Personen nahmen auch neutralere Bildinhalte wahr. Die Gruppe mit den hohen AIM-Werten neigte dazu, auch noch über den eigentlichen Bildinhalt hinaus zu denken, eigene Erfahrungen mit einzubringen oder komplexe, allgemeine Überlegungen anzuschließen.

Gefühlsbetonte Menschen haben ein stärkeres Bedürfnis nach Reizen. Sie lassen sich auch durch eine Überflutung mit Reizen weniger stark aus der Konzentration bringen. Auch dies wurde in Tests nachgewiesen. Man konnte zeigen, daß sie unter Lärmbelästigung und bei grellem Licht intellektuelle Probleme mit weniger Fehlern lösen konnten als ihre weniger emotionalen Kollegen. Damit wurde auch bewiesen, daß starkes Gefühl und wacher Intellekt einander keineswegs ausschließen müssen.

Eine Spitzenleistung der menschlichen Biologie:

Im Chemielabor unseres Nervensystems: die Endorphine

Erst vor kurzem, in den frühen siebziger Jahren, entdeckte man im menschlichen Gehirn Opiatrezeptoren: Diese Entdeckung legte es für Wissenschaftler nahe, daß unser Körper selbst opium- oder morphiumähnliche Stoffe produziert. Forschungen ergaben, daß tatsächlich „opioide Peptide“ beziehungsweise „Endorphine“ (endogene Morphine) in unserem Körper vorhanden sind. Sie befinden sich im menschlichen Hirn, im Rückgrat und im Blutkreislauf und scheinen eine ähnliche schmerzlindernde und stimulierende Wirkung zu haben wie Morphium.

Auch die Tatsache, daß nach einer schweren Verletzung im ersten Moment kein Schmerz auftritt, ist auf diese Endorphine zurückzuführen. Tatsächlich konnte man im Gehirn ein Schmerzkontrollzentrum lokalisieren, das durch leichte Stromstöße angeregt Endorphine produziert.

Doch nicht nur Ärzte können die Endorphine dem Menschen bewußt nützlich machen. Auch der einzelne kann sie stimulieren und für sein Wohlbefinden einsetzen.

Es ist bislang zwar nicht möglich gewesen, die Wirkung der Endorphine in diesem Fall eindeutig nachzuweisen – doch scheint festzustehen, daß Endorphine mit der „Euphorie des Langstreckenläufers“ wesentlich zu tun haben.

„Laufend Glück erzeugen?“

Bei sportlichen Aktivitäten entsteht ein Wohlbefinden, eine Hochstimmung, die letztlich auf chemische Reaktionen im Körper zurückzuführen sind. Auch wenn es wissenschaftlich nicht genau zu beweisen ist: Ein regelmäßiges, dosiertes Training trägt zum Glücklichsein bei!

Auch im Bereich kulinarischer Genüsse spielen die Endorphine eine wichtige Rolle – wie überall, wo die Grenze zwischen Überleben und Genuß nicht klar gezogen ist. Manche Menschen meinen, nach dem Genuß bestimmter Lebensmittel, seien es Chilischoten oder Süßigkeiten, besserer Stimmung zu sein. Auch dies ist ein Ergebnis der Endorphine.

Doch Endorphine zeigen ihre Wirkung nicht nur im physischen, sondern ganz stark auch im emotionalen Bereich.

An der Stanford University wurde ein Versuch durchgeführt, bei dem Testpersonen Opiatblocker eingegeben wurden. Diese Testpersonen reagierten auf positive Reize mit wesentlich *geringerer Begeisterung* als ohne diese Opiatblocker.

Auch *Tränen* haben ihre wichtige Funktion in der Chemie der menschlichen Gefühle. Man hat nachgewiesen, daß in Tränen die biochemischen Substanzen enthalten sind, die bei Streß aufgebaut werden: Leuzin-Enzephalin (ein Endorphin) und die Hormone Prolaktin und und AKTH (Adrenokortikotropin). Die Tränen entsorgen den Körper in jedem Fall von diesen Streßchemikalien, gleichgültig ob sie durch emotionalen Streß wie übermäßige Freude oder Trauer ausgelöst sind oder durch den „Streß" des Zwiebelschneidens.

Auch körperliche Beschwerden haben Einfluß auf die Produktion von Tränen. Menschen mit Magengeschwüren und Dickdarmentzündung sind meist nicht in der Lage, Tränen als Ventil zu benutzen, sie weinen weniger als der Durchschnittsmensch.

Was lernen wir daraus? Ruhig öfter mal weinen. Wer häufig weint, besitzt deshalb nicht unbedingt weniger *Talent zum Glück:*

Testen Sie Ihr „Talent zum Glück“

Novalis provozierte einst seine Zeitgenossen mit seiner Idee, jeder besitze ein gewisses Talent zum Glück. Und Sie, lieber Freund des Glücks, wie talentiert sind Sie selbst? Kreuzen Sie „Ja“ oder „Nein“ an.

1.	Haben Sie schon mehrere Enttäuschungen hinter sich?	J	☐	N	☐
2.	Ist Ihnen oft langweilig?	J	☐	N	☐
3.	Lachen Sie viel?	J	☐	N	☐
4.	Reisen Sie gerne?	J	☐	N	☐
5.	Fühlen Sie sich insgesamt eigentlich okay?	J	☐	N	☐
6.	Lieben Sie Ihr Leben?	J	☐	N	☐
7.	Glauben Sie, in Ihrem Leben zu kurz gekommen zu sein?	J	☐	N	☐
8.	Freuen Sie sich auch über Kleinigkeiten?	J	☐	N	☐

9.	Glauben Sie, wenn Sie nur den richtigen Partner hätten, dann wären Sie viel glücklicher?	J ☐	N ☐
10.	Können Sie sich und anderen Menschen Fehlverhalten verzeihen?	J ☐	N ☐
11.	Fühlen Sie sich selten richtig verstanden?	J ☐	N ☐
12.	Hätten Sie es gerne bequemer?	J ☐	N ☐
13.	Können Sie allein sein?	J ☐	N ☐
14.	Arbeiten Sie an Ihrer Persönlichkeit?	J ☐	N ☐
15.	Sind Sie mutig?	J ☐	N ☐

Bei den Fragen 2, 7, 9, 11 und 12: Wie oft haben Sie mit *nein* geantwortet? ____ mal N.

Bei den zehn anderen Fragen: Wie oft haben Sie mit *ja* geantwortet? ____ mal J.

Nun zählen Sie beide Werte zusammen zu Ihrem Glücks-Quotienten:____

Test-Auflösung

0 – 3: Das kann doch nicht wahr sein? Bitte machen Sie den Test doch gleich noch einmal. Sollten Sie erneut ein derart miserables Ergebnis bekommen, ist es höchste Zeit für Sie, sich helfen zu lassen: Gönnen Sie sich eine Psychotherapie, ein Coaching, ein Persönlichkeits-Seminar, oder sprechen Sie mit einem guten Freund über die Notwendigkeit, daß Sie schleunigst mehr Glück in Ihr Leben bringen müssen! Vor Veränderungen in Ihrem Leben brauchen Sie keine Angst zu haben: Es kann nur besser werden! Veränderungen bereichern das Leben und können sich bei einer negativen Ausgangssituation nur positiv auswirken.

4 – 7: Sie haben es nötig, Ihre Lebenseinstellung zu verbessern, denn Sie gönnen sich selbst nicht genug Glück in Ihrem Leben. Also lesen Sie die Wegweiser und Strategien in diesem Buch bitte ausführlich durch, und setzen Sie sie in die Tat um. Sie werden sehen: Es funktioniert. Nur Mut!

8 – 11: Ihr zweifellos vorhandenes Talent zum Glück können Sie noch optimieren. Bitte tun Sie es! Auf den nächsten Seiten werden Sie weitere Anregungen dazu finden, wo Sie den Hebel ansetzen müssen, um Ihr Talent zum Glück noch zu verbessern.
Und jetzt das Ideal-Ergebnis:

12 – 15: Bravo! Ich gratuliere Ihnen zu Ihrer glücklichen Lebenseinstellung! Bitte machen Sie weiter so. Wenn Sie Ihr Talent zum Glück bereits in die Wiege gelegt bekommen haben, sollten Sie dafür *dankbar* sein. Wenn Sie es sich erarbeitet haben, dürfen Sie mit recht *stolz* auf diesen Erfolg sein.

Ihr erster Schritt zum Glück

Das Geheimnis des Glücks besteht darin, daß Sie Ihre Interessen so intensiv wie möglich entfalten und gleichzeitig mit Ihren Reaktionen auf andere Menschen die Welt um etwas Liebe bereichern.

Ihre Interessen optimal zu entfalten, setzt natürlich voraus, daß Sie Ihre Interessen erst einmal kennen. Und zwar die Interessen, die zu Ihrer jetzigen Lebensphase passen.

1. *Klären Sie, welche Interessen Ihnen am wichtigsten sind.* Ich nenne meine Art von Psychotherapie und Coaching gerne „Klärungshilfe“, weil man sich hier einmal die Zeit nimmt, herauszufinden, welche Wertehierarchie für einen in der aktuellen Lebensstufe und bezogen auf seinen lebenslangen Persönlichkeits-Entwicklungsprozeß *am besten paßt.*
   Natürlich sollte die persönliche Wertehierarchie dem aktuellen Zeit-, Geld- und Sozial-Niveau angemessen sein. Versuchen Sie, herauszufinden, was Sie wollen, worin Sie gut sind, wo Sie Ihre Talente am besten einsetzen und ausnutzen können.
   Wenn Ihnen das nicht auf Anhieb gelingt, ist das vollkommen normal. Verfolgen Sie einmal die Strategie, nur noch das zu tun, was eigentlich nur Sie machen können. Alles andere, was auch andere übernehmen können, überlassen Sie anderen. Sie tun eben nur das, was Sie allein können, was Sie wirklich nicht delegieren können. Dort gehören Sie hin. Das ist Ihr Platz. Ich will Ihnen gerne sagen, warum das so wichtig ist. Denn:

Hier werden Sie den größten Erfolg haben, da Sie hier Ihre Fähigkeiten am besten einbringen können!

2. Das, was Sie an diesem Platz tun müssen, heißt es nun *hartnäckig zu verfolgen.* Das Ziel heißt, das, was Sie wollen, um jeden Preis zu erreichen.
   Das Wort hartnäckig ist für mich das Gegenteil von stur. Sturheit bedeutet zumachen, verschließen, vehement ignorieren, nicht wissen wollen, nicht hinzulernen wollen.
   Hartnäckigkeit aber ist Unerschütterlichkeit: mutig, engagiert für die Zielsetzung eintreten, nicht locker lassen, bis man dort angelangt ist, wo man hin wollte.

3. Der dritte, sehr wichtige Punkt lautet: *Nicht darüber sprechen.* Feiern Sie ruhig hinterher gemeinsam das Erreichte. Aber nicht vorher darüber reden. Vertrauen Sie Ihre Zielsetzung höchstens Ihrem Coach, Therapeuten oder besten Freund an. Vielleicht ist es schon unklug, es Ihrem Partner zu erzählen. Er könnte es eventuell nicht verstehen oder es Ihnen nicht zutrauen. Wenn Sie selbst Zweifel haben, können Sie Unterstützung mehr brauchen als Verunsicherung.

Ein Glücks-Rezept

„Gehe behutsam deinen Weg inmitten des Lärms und der Hast dieser Welt, und vergiß nie, welcher Friede im Schweigen liegen kann. Lebe, soweit als möglich und ohne dich selbst aufzugeben, in guten Beziehungen zu anderen Menschen.

Verkünde deine Wahrheit ruhig und klar. Höre auch anderen zu, sogar Törichten und Unwissenden: auch sie haben ihre Geschichte. Meide laute und aggressive Menschen, sie bringen nur geistigen Verdruß.

Es ist möglich, daß du entweder stolz oder verbittert wirst, wenn du dich mit anderen vergleichst, denn immer wird es bedeutendere und unbedeutendere Menschen geben als dich selbst. Freue dich des Erreichten genauso wie deiner Pläne, doch sei auf jeden Fall demütig. Übe Vorsicht in deinen Geschäften, denn die Welt ist voller Betrügereien. Verschließe dich jedoch nicht dem Wert der Tugenden: viele Menschen streben nach hohen Idealen, und das Leben ist voll von stillem Heldentum.

Sei du selbst. Heuchle vor allem keine Zuneigung, und spotte nicht über die Liebe.

Trage freundlich die Bürde der Jahre und gib mit Anmut alles auf, was der Jugend zusteht.

Nähre die Kraft deines Geistes, um plötzlichem Unglück gegenüber gewachsen zu sein. Viele Ängste entstehen aus Müdigkeit und Einsamkeit. Neben einer heilsamen Disziplin sei freundlich zu dir selbst.

Du bist ein Kind des Universums, nicht weniger als die Bäume und Sterne. Du hast ein Recht darauf, hier zu sein. Und die Kraft des Universums wird sich so entfalten, wie es sein muß, ob dir das klar ist oder nicht.

Deshalb lebe in Frieden mit Gott, was immer du dir unter ihm vorstellst.

Und was immer deine eigenen Bemühungen und Absichten sein mögen: halte Frieden mit deiner Seele in diesem lärmigen Durcheinander des Lebens. Mit all ihrem Schein, ihren Kümmernissen und zerbrochenen Träumen ist diese Welt dennoch wunderbar. Sei vorsichtig. Strebe danach, glücklich zu sein.“[1]

[1] Diese Schrift eines unbekannten Verfassers wurde 1692 in der alten St.-Pauls-Kirche von Baltimore gefunden, nach: Psychologie heute, Dezember 1984

Befreien durch Verzeihen

- Vielleicht gelingt es Ihnen nicht sofort. „Ja, so einfach kann das doch nicht sein", sagen Sie vielleicht: „So einfach darf das einfach nicht sein."
- Vielleicht haben Sie bislang geackert und gerungen, um auch nur ein Zipfelchen Glück zu erhaschen, und wollten einem solchen schlichten Rezept nicht trauen?
- Vielleicht müssen Sie erst dem Glück verzeihen, daß es so oft einen Bogen um Sie gemacht hat?
- Vielleicht müssen Sie erst Ihren Eltern verzeihen, daß Sie nicht mit mehr Gütern ausgestattet wurden?
- Vielleicht müssen Sie erst Gott verzeihen, daß er Ihnen ein so schweres Leben aufgebürdet hat?

Ich bitte Sie nur um eines, verzeihen Sie, vergeben Sie. Jedem, von dem Sie glauben, daß auf ihm noch eine Schuld Ihnen gegenüber lastet, sollten Sie von ganzem Herzen verzeihen.

Wenn Sie verzeihen, dann entlasten Sie sich selbst. *Dann sind Sie frei!* Wenn Sie schon stets für alles die Ursache sind und die Konsequenzen selbst zu verantworten haben, warum sich nicht bewußt für ein glückliches Leben entscheiden?

Bevor Sie glücklich werden *können*, müssen Sie sich dazu entscheiden, glücklich sein zu *wollen*!

Es liegt in Ihrer Hand. Es ist nur ein kleiner aber wesentlicher Akt:

Sie müssen es beschließen. Sagen Sie sich öfters am Tag: „Liebes Glück, komm zu mir, ich bin bereit für Dich."

Damit öffnen Sie sich Ihrem Glück!

Wie steht es nun tatsächlich mit Ihrer inneren „Glücks-Bereitschaft"?

So erlangen Sie die zwölf Merkmale des glücksfähigen Menschen

Eine Quizfrage vorab: Was ist der entscheidende Faktor des Talents zum Glück? Die Antwort: Darauf zu vertrauen, daß jeder es besitzt – auch Sie!

Folgende Merkmale kennzeichnen einen glücksfähigen Menschen:

1. Statt statisch an einem Zustand zu hängen, vielmehr das *Leben als dynamischen Ablauf* zu sehen, als Prozeß, der einem Fluß gleicht.

2. *Lernfähig sein.* Heute ist ein neuer Tag, herrschen neue Verhältnisse, unterliegen Sie neuen Bedingungen, beginnen Sie ein neues Leben.

3. *Gesundes Mißtrauen* und angemessene Skepsis gegenüber allem, was durch Macht, Gewalt oder Autorität Einfluß auf Sie ausüben will. Wenn etwas als „wissenschaftliche Erkenntnis" oder als „Order von oben" ausgewiesen wird, kommt es zwangsläufig der menschlichen Bequemlichkeit entgegen, sich hier nicht selbst entscheiden zu müssen, sondern sich auf die anderen verlassen zu können. Sie können auf diese Weise leicht verlassen aussehen.
   Anders ist es, wenn die anderen Sie persönlich lieben.

4. Ein Ziel heißt, die eigene Persönlichkeit ein Leben lang zu entwickeln: *ganzheitlich fit sein.* Seinen Kopf dafür einsetzen, etwas aus sich zu machen:

In meinen Management-Trainings nenne ich das Cha-Cha-Cha: Charakter, Charme und Charisma entfalten.

5. Ein weiteres Ziel heißt: *erfolgreich kommunizieren* können. Denn nur durch trainiertes Darstellen der eigenen Persönlichkeit und trainierte Wahrnehmung gelangt man zu der Qualität von zwischenmenschlichem Austausch, der einen weiterbringt und im Idealfall tief erfüllt.

6. Freundschaften: Die *Kunst der Freundschaft* ist erlernbar. Hier liegt eine Quelle des Glücks, die von vielen Menschen höhergeschätzt wird als die Partnerschaft.

7. Energiehaushalt: Klopfen Sie bewußt Ihr aktuelles Leben nach *Energie-Fressern* ab und bauen Sie diese schrittweise ab.
   Mit der freiwerdenden Energie – wie bei einer betriebswirtschaftlichen Investition – neue *Energie-Quellen* erschließen, nutzen und genießen.

8. Delegieren: *Nur das tun, was man wirklich nur selbst tun kann.* Alles andere möglichst delegieren. Aber das, was nur Sie tun können, mit voller Energie, Konzentration und Hartnäckigkeit tun.

9. *Entscheiden lernen*: Wenn Sie Mühe damit haben, nutzen Sie die folgenden vier Möglichkeiten:
   - Dinge sofort tun, klären, in Angriff nehmen;
   - delegieren an jemanden, der es gut für Sie macht;
   - einen Termin setzen, wann Sie es tun wollen, und sich dann konsequent daran halten;
   - wegwerfen: in den Papierkorb damit oder ver-

schenken oder verkaufen. Hauptsache „loslasen“:
Was Sie nicht mehr besitzen, kann Sie nicht belasten.

10. Herausfinden, *was Sie wollen.* Wenn Sie Mühe haben, sich zu entscheiden, dann unterteilen Sie die Frage, auf die Sie eine Antwort suchen, in folgende drei Fragen:
    - Was wollen Sie am allerliebsten, unabhängig von Geld, Zeit, der Meinung der Umwelt und ähnlichem?
    - Was möchten Sie für ein Mensch sein? Welche Entscheidung paßt zu dem Bild, das Sie von sich haben, zu dem Image, das andere von Ihnen haben?
    - Wie fühlen Sie sich, wenn Sie sich so oder so entschieden haben?

    Wenn zwei Antworten in dieselbe Richtung gehen, ist die Entscheidung bereits gefallen.

11. *„The best things in life are free.“* Die „wesentlichen Dinge“ im Leben kosten kein Geld, sagen die Amerikaner. Ein Sonnenaufgang, ein Orgasmus, gemeinsames Lachen im Freundeskreis, ein Geistesblitz, eine Fulguration, wie Konrad Lorenz es nannte, ein Funke Gottes, wie Arthur Koestler es nannte, ein rauschender Beifall, ein Kinderlachen, ein Erfolg – all das kostet kein Geld, kann aber enorm glücklich machen.
    Sicher bin ich dafür, Luxus zu genießen, Geld nicht zu verachten, sondern im Gegenteil zu schätzen. Aber erst dann haben Gut und Geld beglückende Qualität:

Dann, wenn man sie für das eigene Glück nicht braucht. Diogenes hat es uns vorgemacht, daß man so leben kann.

12. Die Sehnsucht nach dem Trio: Selbststeuerung, Naturnähe und spirituelle Führung, definierte Teilhard de Chardin folgendermaßen:
„Wahrlich, *die vollständige Lösung* für das Problem des Glücks sehe ich in der Richtung eines christlichen Humanismus oder, wenn Sie es vorziehen, in Richtung eines superhumanen Christentums, im Schoße dessen jeder Mensch eines Tages begreifen wird, daß es ihm möglich ist, in jedem Augenblick und in jeder Situation nicht nur einem Universum zu dienen (das ist nicht genug), sondern in allen Dingen (den süßesten und den schönsten, wie den strengsten und den banalsten) ein in seiner Evolution mit Liebe aufgeladenes Universum innig zu lieben."

Drei Niveau-Ebenen des Glücks

Ich komme immer mehr zu der Erkenntnis, daß es drei Qualitäts-Ebenen des Glücks gibt, die allerdings eine Bedingung gemeinsam haben: Sie müssen dem Menschen ermöglichen, sich selbst zu vergessen.

Das einfache Niveau stellt der Rausch dar, die Droge, die Angstlust oder die gezielt herbeigeführte Todesgefahr.

Das mittlere Niveau besteht aus der Palette der irdischen Sinnesfreuden: ganz vorn die leidenschaftliche Liebe, an der Spitze der Orgasmus mit einem geliebten Menschen.

Der höchste Niveau ist schließlich die Liebe zu Gott, unabhängig von Kirchen und Religionen, vom Glücksgefühl des Geschenks „leben zu dürfen" durchströmt zu werden. Es ist eine Besonderheit zu erfahren, aktives Zentrum des eigenen Lebens und gleichzeitig winziges Teilchen des universellen Ganzen zu sein.

In unserer profanen Zeit des Großkirchen-Zerfalls mag allein das Wort Gottesliebe schon für viele Ohren abgedroschen wirken. Doch damit ich auch richtig verstanden werde: Der mittlere und der höhere Weg vertragen sich vollkommen miteinander. Der Glücks-Genießer ist kein Kostverächter. Im Gegenteil. Zur ganzheitlichen Entfaltung gehört die Erfüllung sämtlicher Lebensbereiche. Erst dann entsteht die ersehnte innere Harmonie.

Nietzsche sagte:

„. . . wie ein Blitz leuchtet ein Gedanke auf, mit Notwendigkeit, in der Form ohne Zögern . . . Eine Entzükkung, deren ungeheure Spannung sich mitunter in einen Tränenstrom auflöst . . . ein vollkommenes Außersichsein . . . eine Glückstiefe, in der das Schmerzlichste und Düsterste nicht als Gegensatz wirkt . . . Alles geschieht im höchsten Grade unfreiwillig, aber wie in einem Sturm von Freiheitsgefühl, von Unbedingtsein, von Macht, von Göttlichkeit . . .“

Die sieben goldenen Regeln zum Glück

Faßt man die vielfältigen Gedanken und Überlegungen zum Glück zusammen, so kommt man zu folgendem Schluß:

Sind die körperlichen Grundbedürfnisse erfüllt, dann mag sich ein Gefühl der Sattheit oder Zufriedenheit einstellen. Zum Glück beziehungsweise zum Glücklichsein jedoch gehört mehr.

Die sieben Regeln zum Glück heißen seelische Gesundheit, persönliche Identität und ein Gefühl von Autonomie, soziales Engagement, eigene und fremde Anerkennung, Bescheidenheit und Aktivität. Was ist damit im einzelnen gemeint?

Ein konkretes Kennzeichen für Glück ist auch der *Umgang mit der Zeit*. Und schon jetzt gibt es ein neues Schlagwort dafür: *Zeit-Pioniere* nennt man die glücksorientiert Lebenden, die nicht nur engagiert arbeiten und schaffen wollen, sondern auch etwas davon haben wollen: Genuß bereits hier auf Erden.

Wir Menschen haben in den letzten Jahrzehnten viel Energie aufgewandt, um *Handarbeit* zu delegieren. Es entstand der Industrialismus mit den bekannten Folgen. Der berufstätige Mensch arbeitet nicht mehr zu Hause, sondern hat seinen Arbeitsplatz in einem Unternehmen. Dann begann die Zeit, in der auch die *Kopfarbeit* delegiert wurde: Computer vollzogen die rationalen, logischen Denkabläufe. Soll man diese technische Entwicklung eigentlich positiv beurteilen?

Ja, sie ist eine Entlastung: So wie die Maschinen einst die quantitative Leistungsstärke des menschlichen Körpers übernahmen, übernehmen Computer die rationalen Fähigkeiten des menschlichen Geistes. Der Rest: Kreativität und Intuition, Sensibilität und Soziabilität, Spielen und Genießen aber sind qualitative Merkmale. Sie lassen sich übersetzen mit dem Begriff *Lebensqualität*.

Seit Jahrtausenden bewährt sich die Einteilung des menschlichen Lebens in drei Dimensionen: Körper, Geist und Seele. Nachdem Menschen den *Körper* beziehungsweise die menschliche Körperkraft ersetzen können, wird in zunehmendem Maße die Notwendigkeit, den *Geist* zu benutzen, an den Computer delegiert, so daß die Aufgaben, die bislang von Körper und Geist geleistet werden mußten, jetzt von den von Menschen ersonnenen Anlagen ausgeführt werden können. Es bleibt das übrig, was das höchste Veränderungspotential beinhaltet, die *Seele*, der Sitz des Bewußtseins. Der Mensch hat sich freigemacht, um sich den wesentlichen Fragen des Lebens zu widmen. Die Zeit ist reif für Synthesen, für Transzendenz, für die *Bewußtseins-Evolution.* Der neue Mensch der neunziger Jahre nutzt diese Chance zum Glück!

Noch gehört dieser neue Menschentypus zu einer Minderheit. Doch sie wächst von Tag zu Tag. Nicht nur qualitativ, auch quantitativ in ihrer Zahl. „Die große Verschwörung" nannten sie die New-Age-Anhänger. Die Vorreiter des Bewußtseins-Zeitalters nenne ich sie. Nach dem *Industrie-Zeitalter* und dem *Informations-Zeitalter* sind wir jetzt die neuen Pioniere des *Bewußtseins-Zeitalters.* Sie und ich. Wir alle.

Projizierte Wachstumskurve
des mit innerer Entwicklung befaßten Teils
der Bevölkerung[1]

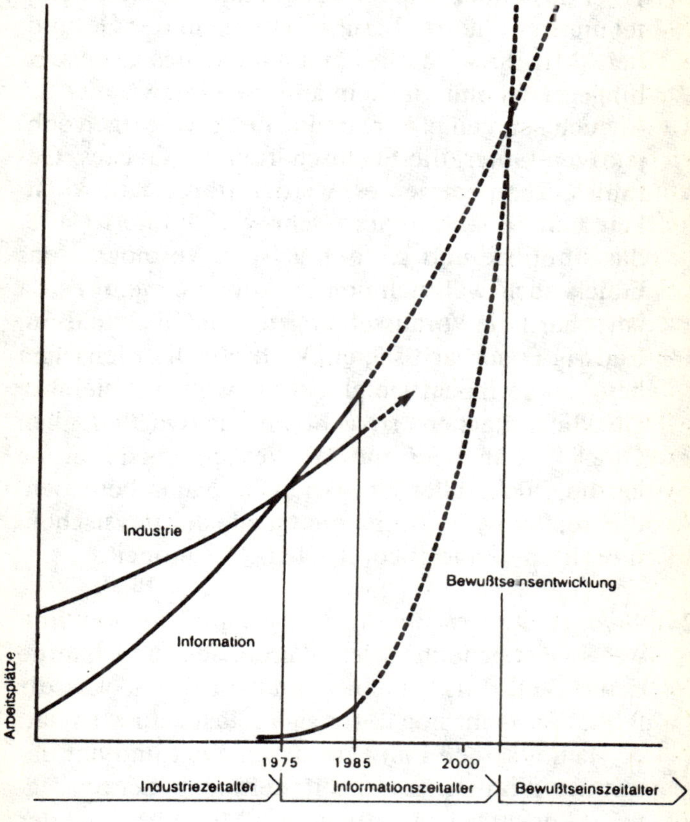

[1] nach: Peter Russel, Die erwachende Erde, Heyne, München 1991

1. *Nehmen Sie sich Zeit, gesund zu bleiben:* Bedenken Sie: Der Gesunde hat vielleicht viele Wünsche, der Kranke aber sicher nur einen. Gesund zu bleiben bedeutet arbeitsfähig, liebesfähig und genußfähig und in der Wahrnehmung nicht eingeschränkt zu sein. Also: *Vorsicht* ist stets besser als ein *Nachruf.* Über das Glück sagte Schopenhauer: „Neun Zehntel unseres Glückes beruhen allein auf der Gesundheit. Mit ihr wird alles eine Quelle des Genusses: hingegen ist ohne sie kein äußeres Gut, welcher Art es auch sei, genießbar, und selbst die übrigen subjektiven Güter, die Eigenschaften des Geistes, Gemütes, Temperamentes, werden durch Kränklichkeit herabgestimmt und sehr verkümmert." Erst das sinnliche und seelisch-geistige Vermögen, das Glück auch wahrnehmen zu können, wenn es da ist, schafft die Voraussetzungen zum Glücklichsein. Ludwig Feuerbach sagte: „Wollt ihr die Menschen bessern, so macht sie glücklich; wollt ihr sie aber glücklich machen, so geht an die Quellen allen Glücks . . . an die Sinne. Die Verneinung der Sinne ist die Quelle aller Krankheit im Menschenleben, die Bejahung der Sinne die Quelle der physischen, moralischen und theoretischen Gesundheit."

2. *Nehmen Sie sich Zeit für Ihre persönliche Identität,* was so viel bedeutet wie: „Werde, der du bist, lerne deine Bedürfnisse kennen und du weißt, was dir fehlt." Ja, mehr noch, wer sich selbst gefunden hat, der kennt seinen Platz auf dieser Welt und hat damit den Sinn seiner Existenz gefunden. Seneca sagte: „Glücklich nennen wir den Menschen . . ., der kein Gut kennt, das größer wäre, als er selbst es sich zu geben vermag." Er ging noch weiter:

Seneca kam zu dem Schluß: „Glücklich ist daher ein Leben, wenn es seiner Natur entspricht."
So gibt es Menschen, die nur ruhig schlafen können, wenn sie keine Schulden haben. Andere sind nur dann mit sich zufrieden, wenn sie das Gefühl haben, reich zu sein. Ich bin der Überzeugung, daß sich Reichtum und ein gottgefälliges Leben miteinander vereinbaren lassen. Ich möchte Sie daran erinnern, daß auch wir Menschen ein Teil der Natur sind. Das „Gesetz der Fülle" ist eigentlich ein unmißverständlicher Auftrag, ähnlich einer Orchidee oder einem Adler das Leben zu genießen . . . Und wie heißt der Auftrag in Ihrem Leben?
Ganz Sie selbst werden und damit höchsten Lebenserfolg ernten!
Oder wie Bo Yin Ra empfahl: „Willst du ‚reich' werden, und glaubst du, daß ‚Reichtum' hier auf dieser Erde zu deinem Glück unerläßlich ist, dann prüfe dich auf Herz und Nieren, damit du die Äquivalente findest, mit denen du deinen zu erhoffenden Reichtum zu bezahlen gedenkst!

Es wird dir auf dieser Erde wie in aller Ewigkeit niemals etwas geschenkt, und wenn du hier in die Lage kommst, jemals Geschenke, und seien es auch nur Geschenke konventioneller Art, wie man sie zu gewissen Festtagen gibt, annehmen zu müssen, dann frage dich sofort, wie du diese Geschenke an das Menschheitsganze wieder bezahlen kannst, sonst wirst du sie bezahlen müssen, dort, wo du es keinesfalls willst."[1] Also Autonomie üben:

[1] aus: Bo Yin Ra, Das Buch vom Glück, Kobersche Verlagsbuchhandlung, Bern

3. *Nehmen Sie sich Zeit für die Entwicklung Ihrer Autonomie:* Erst wenn jemand freiwillig das tun kann, was er tun will, macht es ihn froh. Das Gefühl von Stärke und Autonomie vertreibt die Angst, die mit dem Glück unvereinbar wäre. Das bedeutet aber gleichzeitig, gegebenenfalls Hilfe zu suchen und sie auch annehmen zu können.
   Zur Autarkie: Heute nennen wir einen Menschen autark, der wirtschaftlich vollkommen unabhängig ist, also jemanden, der eine eigene Wasserquelle besitzt, die notwendigen Lebensmittel selbst erntet, eine eigene Stromversorgung hat und ähnliches. Einst allerdings hieß das Wort im antiken Griechenland „Autarkeia" und bedeutete wörtlich „Sich selbst genügen", also Selbstgenügsamkeit. Man meinte mehr die innere Unabhängigkeit von irdischen Gütern und Gelüsten. „Wunschlos glücklich sein" könnte man dieses Konzept heute nennen.
   Einer war der Vorzeige-Autarkist. Sie wissen, wen ich meine: den Mann in der Tonne, Diogenes.
   Soll er doch tatsächlich eines Tages von Alexander dem Großen das Angebot bekommen haben: „Wünsch dir von mir, was du willst." Wer könnte da nein sagen? Nein, nein hat auch Diogenes nicht gesagt. Einen Wunsch hat er sehr wohl geäußert. Diogenes sagte zur Überraschung aller: „Geh mir bitte aus der Sonne!" Wenn Alexander durch seine Präsenz keinen Schatten geworfen hätte, dann hätte Diogenes selbst diesen Wunsch nicht gehabt.

4. *Nehmen Sie sich Zeit für die Liebe:* Das wohlwollende Tun für andere: Nicht im Nehmen, erst im Geben fühlt man sich frei, souverän und auf eine Art reich, die glücklich macht.

„Jemanden glücklich machen, ist das höchste Glück", resümierte einst Theodor Fontane.
Ein ähnlich beglückendes Gefühl haben wir dann, wenn wir einem anderen Menschen ein schönes Erlebnis vermitteln, Freude mit ihm teilen können. Schließlich ist Geben erfüllender als Nehmen – insbesondere in Freundschafts-Beziehungen. In der Partnerschaft ist das nicht immer ganz einfach.
Rilke sagte: „Es fällt niemandem ein, von einem Menschen zu verlangen, daß er glücklich sei – heiratet einer aber, so ist man sehr erstaunt, wenn er es nicht ist!" Aber gerade in der Ehe erwartet man Liebe und Glück.
Wie Sie in meinem Buch „Liebe und Angst"[1] nachlesen können, beginnt die Chance für das Glück zu zweit bei der Partnerschaftsfähigkeit von Mann und Frau. Erst jemand, der für sich selbst sorgen kann, ist fähig, auch für jemand anderen zu sorgen und damit keine Belastung für die Beziehung darzustellen.
Hier beginnen die größten Probleme, dann nämlich, wenn mehr Rechthaberei, Eifersucht und Besitzdenken kultiviert werden als wirklich die Liebe zu feiern. Schließlich leben wir im Zeitalter der „Sicherheitsbindungen" und „Herzschrittmacher". Möglicherweise liefern die *„Lebensabschnittspartnerschaften"*, also die Beziehungen auf Zeit, einen Ausweg aus dem verbreiteten Beziehungs-Dilemma.
Und noch eine Frage im Vertrauen:

[1] Stephan Lermer, Liebe und Angst, Moderne Verlagsgesellschaft, München 1991

Sie wissen, wir leben nicht ewig. Nun, wann haben Sie zuletzt Erotik in Ihrem Leben zugelassen; sich geöffnet für körperliche Liebe? Dafür ist man nie zu alt. Dafür ist es nie zu spät. Die Liebe, sie will aktiv gelebt werden.

5. *Nehmen Sie sich Zeit, sich Anerkennung zu gönnen:* Die Sozialpsychologie belegt die glückspendende Wirkung altruistischen Verhaltens: „Glückliche Menschen geben viel", oder umgekehrt: „Wer anderen hilft, wird ein glücklicher Mensch werden." Hinzu kommt die Beobachtung, daß Menschen in Situationen der Traurigkeit und Depression das Alleinsein suchen und sich so die Chance verbauen, für andere da sein zu können.
   Wenn jemand den ersten Schritt geschafft hat, wieder auf andere zuzugehen, hat er auch die Möglichkeit, nicht nur von anderen Wertschätzung und Anerkennung zu erfahren, sondern auch für andere etwas tun zu können.
   Jetzt hat er die Chance zur Selbstverwirklichung, sich, seine Grenzen und seine Möglichkeiten in der Begegnung mit anderen Menschen zu erfahren. Für den Begründer der Individualpsychologie, Alfred Adler, war das Streben nach Anerkennung die Haupttriebfeder des Menschen. Es bedeutet, sich selbst mit seinen Stärken und Schwächen anzunehmen, andere anzuerkennen und von anderen anerkannt zu werden. Hiermit ist auch jenes Glücksgefühl gemeint, das meist als Lust erlebt wird, wenn einem eine extreme Leistung gelingt, wenn einem etwas „glückt". Ist es wohl gottgewolllt, auf sich selbst stolz zu sein? Ja, gönnen Sie sich *gesunden Stolz,* und:

6. *Nehmen Sie sich Zeit für die Bescheidung.* Der Philosoph Ludwig Marcuse, der uns das Buch „Philosophie des Glücks. Von Hiob bis Freud" hinterließ, meint: „Vielleicht ist diese Ahnungslosigkeit von den Weisheiten der Jahrhunderte, von den Hymnen aufs Glück, mitschuldig an der herrschenden Glücklosigkeit, besser: an dem herrschenden Nicht-Inbetrachtziehen der Anlage zum Glücklich-Sein." Und dann blickt er auf sein eigenes Leben zurück: „Wenn ich die Erfahrungen meines Lebens summieren darf (das Liebesleben sei nicht erwähnt), so würde ich sagen, es sind in das Leben Glückseligkeitsmomente eingesprenkelt. Wer für das Glück in der Geborgenheit einen Sinn sucht, ist verloren, da der Mensch keinen Sinn finden kann. Die großen Religionsstifter und Philosophen bis zu Schopenhauer hin versorgten die Menschen oft mit einer Geborgenheit im Glück, die nie lange hielt, sondern mehr und mehr durch armselige Interpretationen ersetzt wurde. Wer glaubt, ein sinnloses Leben nicht führen zu können, soll sich umbringen. Sinnlos bedeutet: Ohne einen dauernd schützenden Sinn. Momentane Glücks- und Seligkeitspartikelchen gibt es genug. Der Mensch muß lernen, bescheidener zu werden."[1]
Die Emanzipation von Besitz, vom Haben, wie Fromm sagt, also die Unabhängigkeit vom Besitzen-Müssen, macht frei für das Glück. Schließlich hat jeder Besitz zwei Haken:

---

[1] aus: Ludwig Marcuse, Philosophie des Glücks. Von Hiob bis Freud, © 1972 by Diogenes Verlag AG Zürich

Er verpflichtet und ist mit der Angst um seinen Verlust verbunden. Wenn auch materieller Wohlstand bestimmte Formen des Glücklichseins erst ermöglicht – kaufen läßt sich das Glück nicht.
Von dem dänischen Philosophen Kierkegaard stammt die Vorstellung, daß die Tür ins Reich des Glücks nach außen aufgehe. Sie läßt sich nicht mit Gewalt aufstoßen, im Gegenteil: Um sie öffnen zu können, muß man sogar einen Schritt zurücktreten.

7. *Nehmen Sie sich Zeit zur Entfaltung Ihrer Aktivität:* Der 75jährige Goethe beklagte sich bei Eckermann, wie arm sein Leben an wirklichem Glück und Behagen gewesen sei: „Mein eigentliches Glück war mein poetisches Sinnen und Schaffen!" Auch den leidenden jungen Werther läßt er das Glück in der Konsequenz auf die eigene Arbeit erkennen, wenn er ihn das selbstgezogene Gemüse als Glücksquelle huldigen läßt: „Wie wohl ist mir, daß mein Herz die simple harmlose Wonne des Menschen fühlen kann, der ein Krauthaupt auf den Tisch bringt, das er selbst gezogen hat."
Der Philosoph Josef Piper entdeckte in einem fernöstlichen Satz formelhaft das Problem beschrieben, daß Besitz nicht unbedingt glücklich machen muß: „‚Mein Garten', sagte der reiche Mann, der Gärtner lächelte."
Ein chinesisches Sprichwort meint im gleichen Sinne: „Willst du einen Tag lang glücklich sein, so betrinke dich. Willst du ein Jahr lang glücklich sein, so heirate. Willst du ein Leben lang glücklich sein, so schaffe dir einen Garten."
Die Anerkennung, das Feedback beziehungsweise Lob von anderen, stärkt das Selbstwertgefühl, da-

mit die Ich-Stärke und das Gefühl gesicherter Identität, bestärkt den Mut für neue Aktivität und das Gefühl, innerlich reich genug zu sein, um geben zu können. Basis dieses Kreislaufs bleibt das Aktiv-Sein, die Lust am Tun, aus der sich Spannung, Abenteuer und das souveräne Gefühl von Angstfreiheit, die Voraussetzung von Glück, ergeben können. Damit ein Glücksgefühl aufkommt, braucht es nur noch den gewissen Kitzel, der ein Siegesgefühl vermittelt oder deutlich macht, daß es sich hier um einen Höhepunkt handelt, der nicht lange hält.
„Carpe diem" – koste den Augenblick, nutze den Tag –, empfahl uns Horaz vor zweitausend Jahren. Die moderne Formel dafür heißt heute: *Lebe aktiv im Hier und Jetzt!* Also kommunizieren – sich austauschen mit der Welt.

Zur Aktivität

Wahrscheinlich liegt hier der zentrale Schlüsselbegriff zum Glück. Denn wie kann man sich und der Welt am besten vermitteln, daß man gesund und bereit ist, seinen Schöpfungsauftrag zu erfüllen, als wenn man an dem Platz, wo man hingehört, gut arbeitet? Und jeder, der dort aktiv ist, hält seinen Anspruch nach hohem Glück nicht für vermessen. Das tun nur der Verweigerer, der Faule und der Neurotiker, also Menschen, die den falschen Weg zum Ziel gewählt haben (die kürzeste Definition von Neurose).

Statt von Neurose sprach man früher von Sünde. Eben dem Verschwenden von großartigen Chancen, aus seinem Leben Glück schöpfen zu können – und es dann nicht zu tun. Sich der Welt vorenthalten:

Wie eine Rose, die sich als Knospe verwelken läßt, ohne die Pracht und Herrlichkeit ihrer Blütenfülle der Welt präsentiert zu haben.

So ist es auch beim Menschen: Jeder, der die Macht besitzt, einen anderen Menschen glücklich zu machen, besitzt auch die Macht, ihn unglücklich zu machen. Dasselbe gilt auch für den „Machthaber“ selbst.

Wenn Sie sich gelegentlich ärgern, aufregen, „stressen“ lassen, dann müssen Sie sich zum Ausgleich auch entsprechend regenerieren, aufbauen. Dafür sind Sie selbst verantwortlich. Ich empfehle Ihnen, gelegentlich, anstatt zu grübeln, bewußt *innezuhalten und sich in Muße zu erbauen:*

Haben:	„*Innehalten*“, um *Zeit* zu haben.
Tun:	Die Energietankstelle „*Erbauung*“ nutzen, um *Kraft* zu haben, das Richtige zu tun.
Sein:	„*Muße*“ pflegen, um stets bei sich, im eigenen *Selbst* zu sein.

Diese drei Begriffe klingen heute veraltet, altmodisch und verstaubt. Sie passen nicht zum toughen Stil des heutigen extravertierten Cosmopoliten mit seinem Time-Planer, Laptop und Success-Styling.

Schließlich stammen die Begriffe noch aus dem 19. Jahrhundert, als man introvertiert romantisierte und von allen dieser drei Phänomene eines hatte: *mehr*. Denn man hatte mehr Zeit. Also nahm man sie sich. Sie war vorhanden. Wozu? Um gut zu leben! Es gab weder TV noch Jet-Lag, keinen PC und – keinen Streß! Folglich brauchte man kein Fitneß-Center und kein Autogenes Training, keine LVA-Reha-Kliniken und kein

Streß-Immunisierungs-Seminar. Ich will beileibe die alte Zeit nicht glorifizieren. Aber in punkto Lebensqualität liegen hier drei ungenützte Energie-Quellen. Sie münden heute in dem Wort Entspannung oder auch im „Relaxen", dem Zauberwort gegen Streß. Mir ist es nicht wichtig, wie Sie es nennen: Hauptsache, Sie tun es!

Als Hintergrund-Musik empfehle ich Ihnen, keine Synthesizer-Musik zu verwenden, sondern möglichst Instrumentalmusik mit natürlichen Instrumenten. Es ist egal, ob Sie zeitgenössische Musik oder Klassik hören: Hauptsache, die Musik ist entspannend. Im folgenden finden Sie eine Liste mit klassischer Musik, mit deren Hilfe Sie sich selbst in den entspannten Alpha-Zustand versetzen können.

Johann Sebastian Bach

Largo aus Konzert für Klavier und Streichorchester Nr. 5 in F-Moll, BWV 1056

Largo aus dem Flötenkonzert in G-Moll nach BWV 1056

Largo aus Konzert für Cembalo solo in G-Moll, BWV 975

Georg Friedrich Händel

Alle langsamen Sätze aus Concerti grossi op. 6 Nr. 1-12

Largo aus Konzert Nr. 3 in D-Dur (Feuerwerksmusik)

Largo aus Konzert Nr. 1 in B-Dur (Concerti grossi op. 3 Nr. 1-6)

Georg Philipp Telemann

Largo aus Fantasien für Cembalo Nr. 17 in G-Moll

Largo aus Konzert für Viola, Streicher und Basso continuo in G-Dur

Antonio Vivaldi

Largo aus „Winter" – Die vier Jahreszeiten

Largo aus Konzert in D-Dur für Gitarre, Streicher und Basso continuo

Largo aus Konzert für Flöte, Streicher und Basso continuo in C-Dur, PV 79

Und dann: Nutzen Sie Ihren inneren Reichtum! Beflügeln Sie Ihre Phantasie:

Der achte Weg zum Glück – die Phantasie

Im Traum und im Märchen, im Buch, auf der Leinwand und auf der Bühne ist nichts unmöglich, scheint das Glück so nah, mag der eine oder andere modellhaft, vielleicht symbolisch erkennen, wo es langgeht. Ein sehr amüsanter Wegweiser zum phantastischen Glück stammt von Georg Büchner, der den Zuschauer seines Lustspiels „Leonce und Lena" nach folgendem Schlußdialog sich selbst und seiner eigenen Phantasie überläßt:

Leonce: „Aber ich weiß besser, was du willst; wir lassen alle Uhren zerschlagen, alle Kalender verbieten und zählen Stunden und Monate nur nach der Blütenuhr, nur nach Blüte und Frucht. Und dann umstellen wir das Ländchen mit Brennspiegeln, daß es keinen Winter mehr gibt und wir uns im Sommer bis Ischia und Capri hinaufdestillieren, und das ganze Jahr zwischen Rosen und Veilchen, zwischen Orangen und Lorbeer stecken."

Valerio: „Und ich werde Staatsminister, und es wird ein Dekret erlassen, daß, wer sich Schwielen in die Hände schafft, unter Kuratel gestellt wird; daß, wer sich krank arbeitet, kriminalistisch strafbar ist; daß jeder, der sich rühmt, sein Brot im Schweiße seines Angesichts zu essen, für verrückt und der menschlichen Gesellschaft gefährlich erklärt wird; und dann legen wir uns in den Schatten und bitten Gott um Makkaroni, Melonen und Feigen, um musikalische Kehlen, klassische Leiber und eine commode Religion."

Und jetzt konzentrieren Sie sich bitte nur auf eines: *Ihr eigenes einmaliges Leben heute:*

Epilog

Liebe Freundin des Glücks, lieber Freund des Glücks, das haben Sie nun davon. Sie wollten es ja so. Sie wollten etwas mehr Glück in Ihr Leben bringen und stellen fest, daß der Weg zum Glück erst einmal mit Lesen, mit Erkennen und Verstehen gepflastert ist. Gelegentlich erfordert das Glück sogar recht radikale Einsichten, die vehement zur Ausführung drängen. Auf einmal wird es unbequem. Diese Veränderungen kosten Mut, Energie und Geduld.

Aber bitte seien Sie sich gewiß: Nicht nur, daß Sie damit tatsächlich glücksfähiger werden! Sie gehören jetzt zu einer laufend wachsenden Gruppe von Menschen, die ich als *„Glücks-Elite"* bezeichnen darf, einer Gruppe von Menschen, denen *Selbstentfaltung, Lebensqualität* und *spirituelles Wachstum* über alles geht; die wissen wollen, worum es im Leben geht:

Ein *Ziel* setzen.
Und hinfinden.
Zum Glück.

Meine Gedanken werden Sie begleiten . . .